日本古来　最強の引き寄せ

予《よ》祝《しゅく》のススメ

前祝いの法則

ひすいこたろう
Kotaro Hisui
大嶋 啓介
Keisuke Oshima

フォレスト出版

願いを叶える最大のコツは、
◯◯ことである。

恋も　受験も
スポーツも
ビジネスも

願いを叶える最大のコツは、
喜ぶことである。

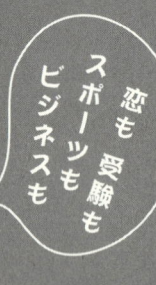

～プロローグ～

いまから１００秒で、「奇跡の起こし方」をお伝えします。

なぜ日本人はお花見をするのか？
実は、お花見こそ、古代日本人が実践していた、夢（願い）を叶えるための引き寄せの法則だったのです。

古代日本人の一番の願いは、稲がたわわに実り、お米がしっかりとれることでした。その願いの実現を引き寄せるためにやっていたのが、実は、お花見だったのです。

どういうことか？
春に満開に咲く「桜」を、秋の「稲」の実りに見立てて、仲間とワイワイお酒を飲みながら先に喜び、お祝いすることで願いを引き寄せようとしていたのです。

これを**「予祝《よしゅく》」**と言い、ちゃんと辞書にも載っています。

古代日本人がやっていた、夢の引き寄せの法則、それが「お花見」だったのです。

祝福を予《あらかじ》め予定するのです。

いわば、「前祝い」です。

先に喜び、先に祝うことで、その現実を引き寄せるというのが、日本人がやっていた夢の叶え方なんです。

盆踊りも予祝です。秋の豊作を喜ぶ前祝いダンスが由来です。

実は、奇跡はとてもシンプルな法則（原理）で起きています。

まずは、ここに風船がありますので、風船のなかに小さく♥を描き加えてください。

描き加えたら、風船に息を吹きかけ風船を膨《ふく》らませてください。

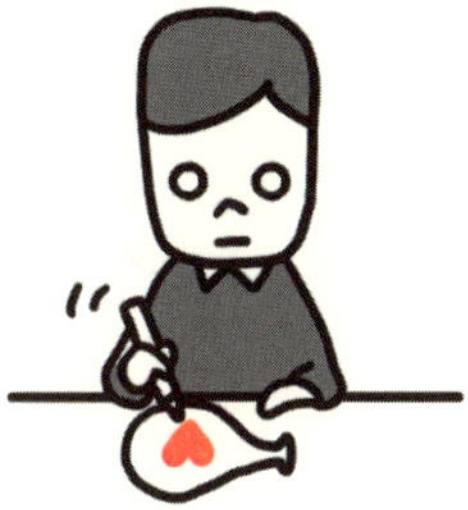

風船にハートを描き加えたら、
その♥は空気を入れるたびに大きくなっていきます。

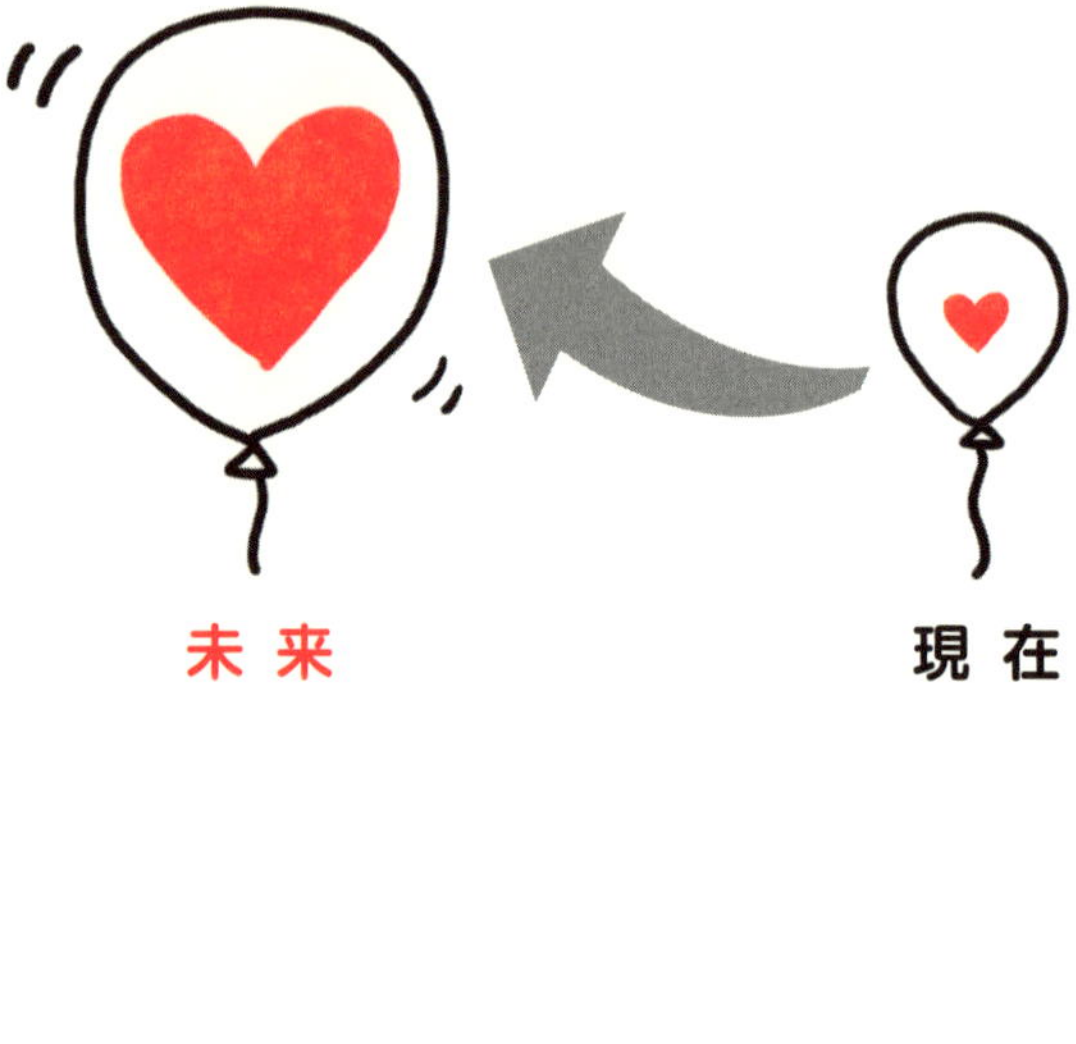

逆に、風船に小さく✖を描いて空気を入れると、
その✖が大きくなっていきます。

いま、心の内側に小さな♥を作ることこそ、未来を変える方法だってことです。

日本のことわざ、**「始めよければ終わりよし」**

というのは、現在の心の状態（始め）がよければ、未来（終わり）もよいって意味なんです。

いま、あなたの内側に♥があれば、未来においても♥はドンドン大きく育っていきます。

つまり、いまを喜んで生きれば、未来もまた喜びが待っているのです。

これが奇跡の起こし方です。

21世紀までは、いいことがあったら喜ぶという時代でした。

しかし、22世紀は「順番」が違う。

いいことなんか、なにもなくても先に喜んでしまう時代です。

先に前祝いして、いいことを引き寄せる時代です。

武田鉄矢さんも、この「予祝」でブレイクしています。

フォークシンガーだった若い頃の武田鉄矢さん。歌が売れなくて、東京から故郷の博多に帰り、お母さんに「もう、歌をやめる」と言ったのだそう。すると、お母さんは「やめるな！」と。そして黙って冷酒をついでくれ、コップを高々と掲げて、こう言った。

「鉄矢さん、成功おめでとうございます。かんぱ〜い！！！」

鉄矢さんは、「めでたかことは、なーんにもなかばい」と伝えると、お母さんは「とにかく先に祝おう」と。いったいなんのことかわからず、ポカーンとしていると、お母さんはこう言ったそう。

「おまえには貧乏神が取り憑《つ》いている」

えっ〜！！！！？？？？

「でも、乾杯すればその貧乏神はここまで苦しめているのに、『まだおめでとうとか言ってるよ』と拍子抜けして離れて行く。だから一芝居打ってお祝いするんだ」と。

この日、親子で一芝居うち、祝杯をあげたわけです。

すると、このあと一気にブレイクしていくのです。

鉄矢さんは、これが日本古来の「予祝」だったということをあとで知るわけですが、「あの夜は忘れられない」と語っています。

喜べば、喜びがやってくるのです。

では、このあたりで、この本はどういう本か説明させてもらいます。

どうも、作家のひすいこたろうです。

予祝の話を、僕は以前、本で書かせてもらったことがあるのですが、それを読んだ、大《お》嶋《しま》啓介《けいすけ》さんが大変感激してくれたのです。

大嶋さんは、2004年に、居酒屋から日本を元気にしようと、「株式会社てっぺん」を設立。そして、NPO法人・居酒屋甲子園を立ち上げ、2006年度には外食産業にもっとも影響を与えた人に贈られる「外食アワード」を受賞しました。

居酒屋で毎日行われる独自の公開朝礼が有名になり、テレビでも多数取り上げられ、海外からも多くの人が見学に訪れています。

さらに、大嶋さんは、高校野球のメンタル指導や企業の経営指導もたくさんされています。予祝の話に感激してくださった大嶋さんは、高校球児たちのメンタル研修に、予祝の要素をふんだんに取り入れ、大きな成果を続々と出されているのです。

２０１５～２０１７年の3年間で、大嶋さんが関わった14校が20回以上もの甲子園出場を果たしています。

明桜高校（秋田）　釜石高校（岩手）　聖光学院（福島）　津田学園（三重）

京都成章高校（京都）　鳥羽高校（京都）　海星高校（長崎）ほか。

なかには31年間、甲子園出場を目指し、がんばってきたにもかかわらず、その悲願は叶わずにいたのが、予祝を取り入れるや、甲子園出場を果たされた監督もいます。

予祝のあまりの効果に驚いた大嶋さんは東京渋谷に、「予祝のてっぺん」という、仲間で予祝をし合う居酒屋まで作ったほどです。

大嶋さんは、その実践のなかで、「予祝で結果を出すポイント」が明確に見えてきたそうで、その研究報告を一緒にまとめさせていただいたのが、この本です。

この、「予祝（前祝い）」という、古来日本人が大切にしてきた文化をアップデートさせて、再び、前祝いニッポンの文化を世界に広げていきたい。

この星の「喜びの量」を増やしたいんです。

この地球が、喜びに満ちた星になった未来を迎えに行きたいんです。

そのために、大嶋啓介、ひすいこたろうがタッグを組みお届けします（この本は、全編

2人で協力して一緒に書き合っていますが、個人的な体験が出る箇所は、そのつど、名前を記しています)。

福沢諭吉の『学問のすすめ』は、当時の日本人の10人に1人が読んだと言われるほどの史上空前のベストセラーになり、「人生は、学問をするかどうかで決まる」という認識が日本に根づきました。

今度は、『予祝(前祝い)のススメ』で、人生は、先に喜ぶかどうかで決まるという認識を世界に広めたいと思っています。

未来の作り方は、とてもシンプルです。

いま喜び、いま笑えば、あなたの雰囲気(空気感)は変わり、その瞬間に未来も変わります。

願いを叶える最高の秘訣は、先に喜んでしまうことなんです。

この星にふさわしいのは、不安ではなく、喜びです。

一緒にこの星の喜びの量を増やしていきましょう。

まずは、第1章で、有名人たちの予祝例をどんどん見ていただきます。これがとても面白いので、立ち読みをしている方は41ページまでは必ず読んでみてくださいね（笑）。

さて、あなたが居心地よく感じる場所はどこでしょうか？
心が落ち着く、お気に入りの場所はどこでしょうか？
もしくは、あなたが旅したいところはどこでしょうか？

できればそこで、ゆっくり1つひとつ味わいながら読んでください。
この本と向き合うことで、あなたの人生は新しい未来とつながるので、できることなら、最高の場所で未来の自分を祝福しましょう。

奇跡の扉をひらく準備ができたようですね。
では、いよいよ、あなたを予祝ワールドの旅へお連れしましょう。

ひすいこたろう
大嶋　啓介

前祝いの法則――《もくじ》

第6章 楽しいは無敵。予祝の本質は、面白がること 225

この星にふさわしいのは
不安ではなく、喜びだ

第 1 章

有名人たちも予祝でメイク・ミラクル

喜べば
喜びごとが
喜んで
喜び連れて
喜びにくる

予祝（前祝い）のススメ

いま、喜ぶ。いま喜びに浸《ひた》る。すると、未来においても喜びがやってきます。
「未来」を変える方法とは、「いまの心の状態」を変えることなんです。
これが、予祝の本質です。
有名人たちも無意識に、この予祝を実践しています。

たとえば、フィギュアスケートの羽生結弦さん。

２０１４年のソチオリンピックに向かう飛行機のなかで、羽生結弦さんは泣いていたのだそうです。イメージのなかで、最高の演技をした感動で泣いていたのです。
行きの飛行機で、すでにイメージのなかで金メダルを獲り、先に喜びに浸っていたのです。だから、実際に金メダルを獲ったときのコメントのなかにこんな発言があります。

「飛行機のなかでイメージしすぎて、飛行機のほうが感動しちゃいました」

実際の喜びよりも、イメージのなかでのほうが、もっと喜んでるんです（笑）。

「メイク・ミラクル」「メイク・ドラマ」という和製英語を作った野球の長嶋茂雄さんの予祝例も劇的です。

1959年、天皇・皇后両陛下を迎えて行われた天覧試合。巨人VS.阪神。9回裏で4対4の同点。両陛下が警備の都合上、野球観戦できる時間は21時15分までだったため、延長戦に入った場合、陛下は途中退席になるという状況でした。

9回裏、この大事な場面に先頭バッターとして回ってきたのが長嶋茂雄さんです。天皇陛下が退席されるタイムリミットまであと3分という21時12分。

実は、天覧試合前、長嶋さんはスランプのドン底にいました。だからこそ、本能的に「予祝」をやってのぞんでいたのです。

長嶋さんは、試合前日、最寄りの駅でありったけのスポーツ新聞を買ってきて自分で見出しを書き込んでいったのです。用意した赤、青、黄、緑色のマジックで、新聞1紙ごとに「長嶋、天覧試合でサヨナラ本塁打」などと大きく書き込んでいった。

「長嶋の一発に尽きる。さすがにゴールデンルーキー。歴史に残る一発だ」

そんなふうに監督談話まで勝手にマジックで書き上げ、試合前日に先に喜び、祝杯をあげていたのです（笑）。

で、実際の試合はどうなったのか？

すべて予祝どおりのサヨナラホームランです。

さらに、1992年のプロ野球のドラフト会議の目玉、のちに巨人軍不動の4番となる松井秀喜選手の交渉権を獲得できたのも予祝です。

なんと前日、自宅で、くじ引きをして松井を当てて先に喜ぶ予祝をしていたのです！（笑）

さすが長嶋監督！　めでたく、松井秀喜選手の交渉権を獲得しています。

ソフトバンクの孫正義さんも、プロジェクトを立ち上げる際は、先に部屋のなかでガッツポーズをして、そのプロジェクトが成功したときのことをイメージし、先に喜びに浸るのだそう。

まさに前祝い、予祝です。

発明王エジソンも、発明する前に、「それをすでに発明しました」と発表することがよくありました。もう先に記者発表して、できたことを前祝いしちゃうのです（笑）。

格闘家、大山峻護《しゅんご》さんの予祝例も痛快です。

大山さんは、今年の目標を考えているときに、コーチからこう質問されたそう。

「今年一番興奮する目標は何か？」

「誰と戦って勝利したら一番興奮する？」

ただの目標ではなく、興奮する目標というのがポイントです。

2005年当時、世界ナンバーワンのチャンピオンはピーター・アーツでした。そのピーター・アーツと、12月31日のゴールデンタイムに放送される「K-1プレミアムダイナマイト」で対戦し、日本全国の人が見守るなか、1分以内で勝てたら一番興奮するという答えが出ました。

そこで大山さんは、対ピーター・アーツ戦を想定して練習を始めたのです。

最初にやったことは、ピーター・アーツに勝ったときの、喜び方を決めることからでした。

トロフィーのどこにチューをするのかまで詳細に決めたのです（笑）。

そして練習を始める前に、毎回、その喜び方をイメージのなかで再現し、喜びをかみしめながら、練習をするようにしたのです。

しかし、残念ながら、大山さんは体も小さく、格下で、1カ月前に発表されるピーター・アーツの対戦相手に名前があがることはありませんでした。

でも、それでも大山さんはあきらめなかった。なんと、対戦相手が正式に決まったにもかかわらず、大山さんは、ピーター・アーツ対策の1人沖縄強化合宿まで決行したのです。

自分は戦えないと正式に決まってるのに！（笑）

「大山は、まだピーター・アーツと闘うつもりで練習している」と皆に大笑いされたそうです。それでも合宿を決行。一番苦しいランニングや、砂浜ダッシュでも、ピーター・アーツに勝ったときの喜びで興奮しながら練習していたのです。イメージしすぎて、練習中にうれしくて泣き出したこともあったそうです（笑）。

さて、2005年12月31日のK-1プレミアムダイナマイト、どうなったのか？

なんと、なんと、なんと、試合の9日前に突然ピーター・アーツの対戦相手が、ケガをしたんです。

開催側も困りはてました。9日前では、さすがに試合に出られる準備をしている選手なんていえるわけがないんです。いるわけがない……。いや、1人だけいました！

大山峻護選手！

このときを待ってました

開催側から、大山さんに電話がかかってきました。

「大山、9日前だがやれるか？」
「はい。準備万全です！」

まさに、このときを待っていた大山峻護選手、1R開始わずか30秒、ヒールホールドで王者ピーター・アーツに勝利したのです。

メイク・ミラクル！
喜びながらやっていると、奇跡は起きるのです。

これぞ予祝の起こすメイク・ドラマです。

人気作家、森沢明夫さんの続々と決定する映画化ラッシュの背後にも予祝は隠れています。

森沢さんの小説デビュー作は『海を抱いたビー玉』という作品になるんですが、光栄なことに、ひすいが本の推薦帯を書かせてもらったんです。

小説デビュー作にして、最高の作品に仕上がり売り上げも好調。増刷が止まらない状況になりながらも、なんと、出版社としては、ほかの本がうまく回らず、倒産してしまったのです。

そんな事態が起きたことを告げる電話が森沢さんからありました。

僕はその話を聞いて、思わず、

「森沢さん、おめでとうございます!!!!!!」

と、電話越しに口走っていました。

とにかく先にお祝いする。これぞ予祝です。

森沢さんは「はぁ？　お、おめでとう？」と。

だってデビュー作にして、あんな奇跡のような美しい物語を書けて、しかも増刷、増刷なのに、会社が倒産し印税が1円も入らないなんて、普通ありえない。

ということは、このあとに、普通ではありえないような奇跡が起きると感じたんです。

僕は森沢さんにこう言いました。

「こんなありえない不運に見舞われるなんて、これからのありえない奇跡の伏線です。きっと、この先、作品が映画化されたり、すごいことが起きるはずですから、先に映画化決定おめでとう祝賀会をぜひ、ひらかせてください。ごちそうしますから」

と僕は電話を切りました。

そして、神楽坂で、映画化決定おめでとう祝賀会をひらかせてもらいました。

この予祝は、見事現実になり、森沢作品は、その後、ほんとうに映画化が続々と決定しているのです。『津軽百年食堂』『ライアの祈り』『夏美のホタル』『虹の岬の喫茶店』『きらきら眼鏡』など、いまや、映像化率ナンバーワン作家と言われたりするほどです。

まあ、森沢さんの実力あってこそなんですけどね。

ちなみに、予祝をしたその居酒屋で、僕は、森沢さんにこうお願いしたんです。

「きっと僕が言ったとおりになるんで、映画化されたときは、『この状況を予言してた人がいるんですよ。その人の名は、ひすいこたろうさんです！』と記者会見で言ってくださいね」って恩着せがましく（笑）。

その約束を先日、森沢さんに話したら忘れてましたけどね（笑）。

その代わり、森沢さんは優しいので、映画にもなった『虹の岬の喫茶店』のなかで、なんと、僕をモデルとした役を登場させてくれているのです。

セリフは、たった1つだけなんですが、それは、それは、凛々《りり》しい役をいただきました。

コタローって白い犬で登場しています（笑）。

セリフは、もちろん、「ワン！ワン！」です。

これはコミックにもなってるので、ぜひコタロー役に注目して読んでみてくださいね。

ワンワン。

さて、では、この章の最後に、有名人というか、有名店になるのですが、予祝というものがどういうものか、とてもよくわかる事例があるのでご紹介します。

倒産寸前の居酒屋を予祝で救った「魚串炙縁《うおぐしあぶりえん》」の例です。

当時、彼らは20代なかばで、居酒屋のオーナーに雇われて働いていました。ある日、オーナーから呼び出され、「ずっと赤字だから店をたたむことにした」と告げられてしまいます。
しかし彼らは、このお店が大好きだったのです。でも、立地が悪くて、お客さんがなかなか入らない。そこで、当時のスタッフ5人で温泉に出かけ、その旅館で、こんな「遊び」を始めたのです。

「僕らの居酒屋はいま倒産寸前だけど、そこから一発逆転、大人気の居酒屋になって、本も出版されて、1000名の前で講演しているという設定で講演しよう。

まずは、この旅館の部屋が、1000名のお客さんのいる大ホールだと想像して、なんで成功したのか講演してみよう」

そして、この講演会にテレビ局の取材も来ているという設定で、ホームカメラを回してインタビューし合ったのです。

「なんで倒産寸前のお店が大人気の居酒屋に復活できたんですか？」

現実は、倒産寸前なのに、そんなふうに聞いていくのです。

この質問に、１人のスタッフがこう答えました。

「『俺たちみんな家族だろ！』のひと言にみんなのハートに火がついたんです。それで、いままでお店に来て名刺交換してくださったお客様に、手紙を書いたんです。いかに僕たちがこのお店を大好きかって気持ちと感謝の気持ちを」

ちなみに、「俺たちみんな家族だろ！」なんて誰も言ってないんです。聞かれたら、即座に出まかせで答えなければいけないというのが予祝インタビュールールなんです（笑）。ノリで適当に答える。すると場が盛り上がってきます。


予祝のポイントはなにを言うかではなく、未来に待っている喜びを想像し、先に味わうことにあります。


彼らは倒産寸前の状況で、史上最高の未来を想像し、それをすでに実現したという設定で演技して盛り上がり、喜び合ったのです。

この日、浮かんだアイデアはノートにメモしておいて、お店に戻ってからすべて実行に移したそうです。

すると、なんとわずか1カ月で1年分の利益が上がったのです。

そしてほんとうに超人気の居酒屋になり、1500店舗のなかから選ばれ、居酒屋甲子園に出場。なんと5000人のホールで話すことになり、『20代の働く君に贈るたいせつなこと』（松本望太郎著、学習研究社）という本のなかでも取り上げられ、テレビ局まで取材に来たのです。

倒産寸前ながら、前祝いしたことが、全部、怖いくらいそのとおりに実現したのです。

喜びがあふれる場には、最高のインスピレーションが舞い降りてくるのです。

これが「予祝」の威力です。

彼らは、前祝いの恐ろしいまでの効果を実感していますから、お客様と「前祝い飲み会」「前祝い乾杯」が広がったのだそうです。お客様の夢が叶ったことにして、前祝い乾杯をするのです。それで、本当に夢を叶えられたお客様もたくさんいるそうです。

たとえば、客室乗務員になりたくて、でも10年間トライし続けていてもなかなか夢が叶わない女性がいました。そこで試験前に前祝いプレートを作って先にお祝いしてあげたら、その年、見事に試験に合格し客室乗務員になれたそうです。

億万長者になりたいと夢を持つ、岐阜から来てるお客様に、「予祝インタビュー」（100ページ参照）をしたら、ほんとうに億万長者になり、本も出版。出版記念パーティを居酒屋でやってくれたそうです。

プロボクサーの中川麦茶さんは、前祝いでアジアチャンピオンに輝いています。

「魚串炙縁」は毎月1日、社員みんなで神社（一番近くの氏神《うじがみ》様）に感謝のお参りに行き、1カ月の振り返りと、次の1カ月の目標を言って予祝をするんだそうです。

次は、予祝で、あなたの人生に革命が起きる番です。

第2章

なぜ予祝で奇跡は起きるのか？予祝の原理

「心」×「行動」＝「未来」

最高の未来を迎えに行こう

知らずに死ねない。2つの人生最重要クイズ

よりよく生きるために、絶対に知っておいてほしいクイズが2つあります。

《クイズ❶》
46ページを見て、60秒以内に1～50まで順に探してください。

まず「1」を探し、次に「2」を探し、「3」を探しと順に探してください。60秒以内に「50」まで探せなかったとしたら、あなたは人生をめちゃめちゃ損している可能性があります。

28

21 37 36

29 16

9 12

41

1 32 4 40

49

25 5

44

13 24

48

45 17 8 20

33

22

27

50 19

3

35

14 26

2 39

15

34 18 31 11

46

6

38 43 23

7

42

10

30 47

実際にやってみてどうでしたか？
実は、これは法則があったのです（法則は次のページにあります）。

この数字の配置は、4つのコーナーに分かれておりAからDまで反時計回りの順番に配置されているのです。その法則を知ったうえで、もう一度同じように数えてみてください。今度は、がぜん、数えられる数字が増えたはずです。

ちなみに、法則を知る前は、ひすいは9で、大嶋さんが知る範囲では、過去最低だったそうです（笑）。法則を知ってからは33まで増えました。ひすいの妻は、最初は18で、法則を知ってからは60秒で50まで数え切りました。

実は、このように、人生にも「法則」があるのです。
その法則を知るのと知らないのとでは、このようにまったく結果が変わってくるんです。

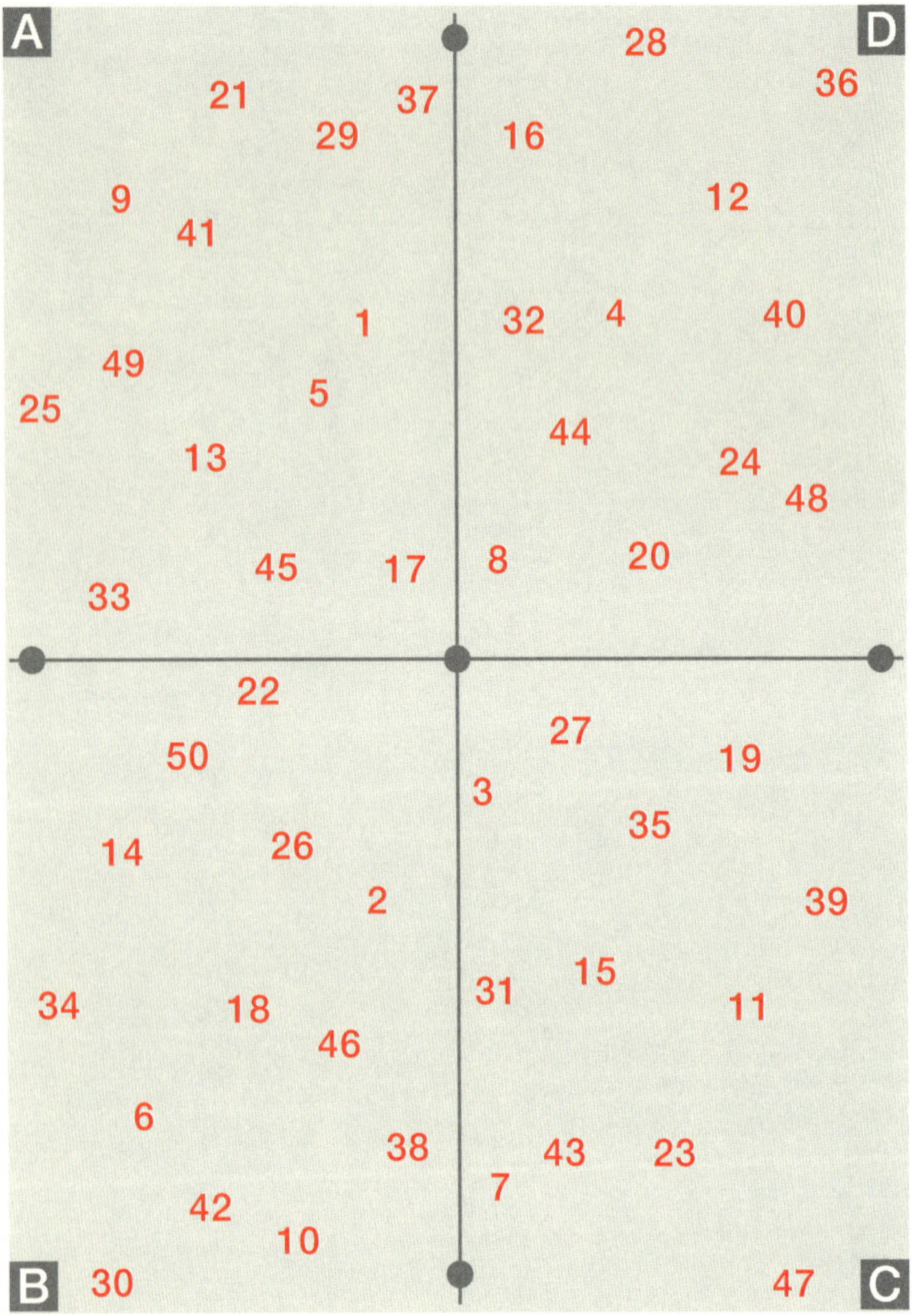
A
D
28
36
21
37
29
16
9
12
41
1
32
4
40
49
5
25
44
13
24
48
45
17
8
20
33
22
27
50
19
3
35
14
26
2
39
15
34
18
31
11
46
6
38
43
23
7
42
10
B
30
47
C

では、あなたが知っておくべき「法則」とはなにか？
あなたのいまの心の状態と同じものを未来で引き寄せるという法則です。

いまを喜びで満たせば、未来も喜びと出会う。
これが「前祝いの法則」です。
では、もう1つのクイズです。

《クイズ 2》

20秒間、下の図を見て、本気で覚えてください。

（20秒たったら、ページをめくってください）

いいですかね？　よーーーーい、スタート。
はい20秒たちました。

○	△	☆	1	3	☆	□	○	×	△	1	○
×	◎	1	△	◎	○	×	△	3	□	×	2
□	☆	3	2	○	△	□	×	2	3	◎	□
×	2	○	☆	□	3	1	2	◎	○	△	◎
○	◎	☆	□	3	2	○	×	△	□	2	3

では聞きます。

「◎は何個ありましたか？」

多分、答えられなかったと思います。このように、漠然としたまま、ものごとを見ていても、なにも頭に入ってこないのが脳の特性なんです。

では、もう一度、図を見て挑戦してもらいます。

「5秒以内に◎は何個あるか数えてください」

今度は5秒で探せたはずです。
漠然と見ていたら、20秒見ていても、なにもわからなかったのに、目的意識を持って見たら5秒で探せるのです。それが脳の仕組みです。
なにに意識を向けるか、それだけで、人生は激変するのです。
漠然と努力していてもダメだってことです。

では、なにに意識を向ければいいのか？
それが「喜び」なんです。

こんな例があります。ある先生は鬱《うつ》になった生徒に対して、こんな提案をしたそうです。

「学校の通学途中で、自分がきれいだなって思うものを写真に撮ってきて。先生も撮るから、毎日、お互いに見せ合おう」

すると間もなく、鬱が治ったのです。鬱の人は世界から彩《いろど》りが失われて、視野がグレーになるので、美しいものに目がいくようにしてあげるだけで、気分が変わるのだとか。


あなたは、この人生でなにを見たいですか？

見ると決めたものが見えてくる。それが人生なのです。

いまの「心」こそ、あなたの「未来」

もう1つ、おまけにクイズです。

あなたが3年後に英語がペラペラになるという夢を抱いていたとします。

この夢を確実に実現するために、あなたがやるといい一番大事な行動は次のうちどれでしょう？

❶1日最低10個、新しい単語を覚える。
❷ネイティブの人を見つけて、できるだけ話しかけるようにする。
❸毎日、部屋の掃除を少しずつする。

ちなみに、このクイズは、はせくらみゆきさんの著書、『こうすれば、夢はあっさりかないます！』（サンマーク出版）に書かれているクイズなのですが、先に答えをお伝えすると、3年後に英会話をマスターしたい場合、大切なのは、ズバリ、❸の部屋のお掃除が正解なのです。

「えっ⁉　英語をマスターしたいのにお掃除するの？」とお思いでしょうが、これは22世紀の常識です。

解説する前に、まずは小学校の頃、音楽の教室にあった、「音叉《おんさ》の原理」をお伝えします。

まず、ここに2つの音叉があります。

両方とも同じ周波数だった場合は、右の音叉をたたくと、離れている左の音叉も自然に共鳴して振動を始めます。

しかし、周波数が違う場合は、共鳴しませんから、右を鳴らしても左の音叉はピクリともしません。周波数が同じものが共鳴共振するわけです。

この音叉の原理がわかると、なぜ❸が正解だったのか見えてきます。

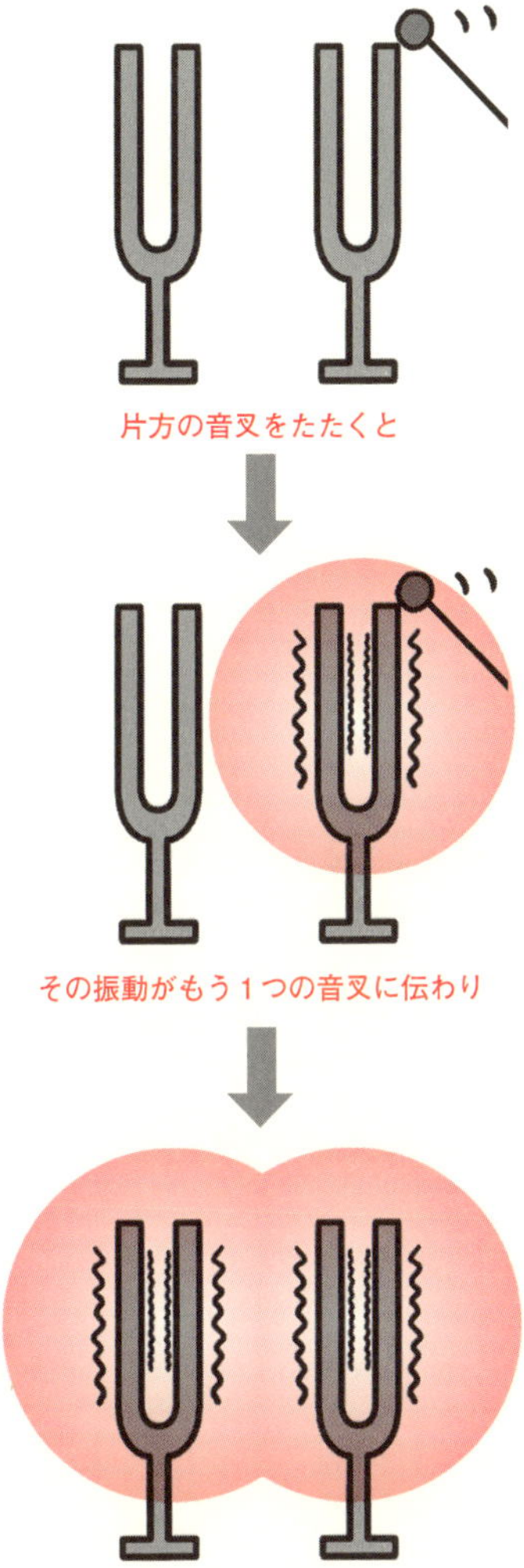

片方の音叉をたたくと
その振動がもう１つの音叉に伝わり

両方が同じ振動を発する

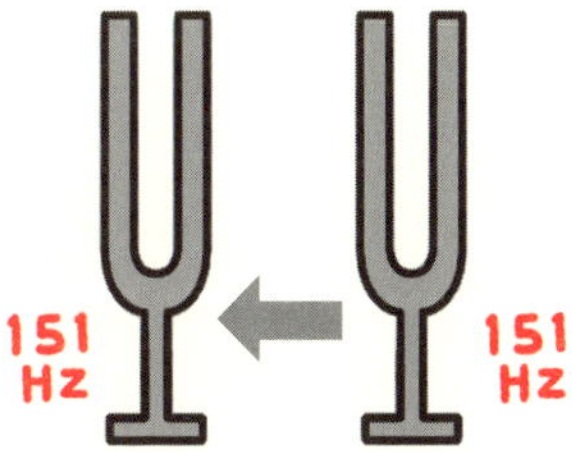

同じ周波数のときは鳴り出す

理由は、部屋をきれいにすると、いい気分になるからです。

夢を叶えるために、ポイントになるのが「心」。

いま、「いい気分」（ご機嫌）でいることなのです。

音叉の例のように、同じ周波数同士が共鳴し合うように、いまの心の状態が、次に現れる現実と引き合うからです。

似たものが引き合うように、「いい気分」は、「いい未来」を引き寄せるのです。

アメリカの心理学博士であり、作家のウエイン・W・ダイアー博士は著書『ザ・シフト』（ダイヤモンド社）のなかで、こう書いています。

「人は〝欲しいもの〟を引き寄せるのではなく、

〝自分と同じもの〟を引き寄せる」

引き寄せの法則『ザ・シークレット』（角川書店）の著者ロンダ・バーンはこう言っています。

「宇宙の全てが磁石であり、あなたの思考や感情も含めて全てのものが周波数を持っています」

あなたの「心の状態」も周波数を帯《お》びています。

その周波数は、その人のまとう空気感、雰囲気というのにあらわれています。

なぜ予祝で夢が叶ってしまうのか？

それは、未来に夢が叶ったときと同じ喜びをいまの時点で感じることで、現在の気持ちが夢が叶ったときと同じ周波数になるから、その未来を引き寄せることができるのです。

それが予祝の力なのです。

テレビの「リモコン」と「テレビ画像」の関係と同じです。

東京では[1]を押せば、ＮＨＫが映るように、リモコンから発する周波数と、共鳴共振する、同じ周波数のテレビ局がテレビモニターに映るわけです。

このテレビの「リモコン」に該当するのが、あなたの「心の状態」で、「モニター」に該当するのが、いまあなたが見ている「現実」です。

もし、あなたの心の状態が、いま、恐れでいっぱいなら、雰囲気は暗くなり、あなたの「モニター」（現実）にも、恐れがいっぱいの現実があらわれます。

心の状態が、いま、喜びでいっぱいなら、雰囲気は明るくなり、喜びいっぱいの現実になっていくのです。

「経験とは要するに共振である」

『神との対話』（サンマーク出版）で、世界27カ国に翻訳され、ベストセラーになったニール・ドナルド・ウォルシュの言葉です。

未来に夢が叶ったときの気持ちを、いまに持ってくる

以上が、予祝で奇跡が起きる原理であり、先ほどクイズ1でお伝えした、あなたがこの人生で知っておいたほうがいい法則です。

そのうえで、クイズ2の、なにに意識を向けるかですが、なにが起きても、「喜ぶ」「楽しむ」「面白がる」ということに意識を向けてみればいいんです。

21世紀までは、夢が叶ってから喜ぶ時代でした。
でも、夢が叶ってから喜ぶなんて誰でもできるんです（笑）。

22世紀は、
もう、夢が叶う前に、
先に喜んじゃう時代です。

冒頭のクイズの話に戻ると、❶も❷も英語を上達するうえでは大事なことです。

でも、不機嫌な気分で夢を追いかけるよりも、いい気分でやることをやっていったほうが絶対的に速く夢が叶うのです。

「いまの気分の内訳」が、「未来の雛形」となる

「現在の気分の内訳」が「未来の気分の内訳」（未来の雛形《ひながた》）になるとも言えます。

次ページの図をご覧ください。

「現在」が、不満60％、イライラ20％、喜び20％であるならば、あなたの「未来」も同じ比率で不満60％、イライラ20％、喜び20％になるということです。

不満が60％なままでがんばって夢を叶えても、未来においては、また不満を見つけ、不

満60％の現実が待っています。心のカタチが不満60％なんですから、そこは変わらない。いや、割合は変わらなくても成長して円が大きくなる分、実は、不満もまた拡大していることにも気づいてください。

大事なのはいまの気分の内訳。
いまの気分の内訳のなかに喜びを増やしていくんです。

「未来」を変えるとは、「いま」を変えることです。

「いまの気分」こそ、あなたの「未来」なんです。

一番大切なのは、「頭の良し悪し」ではなく、「気分の良し悪し」なのです。

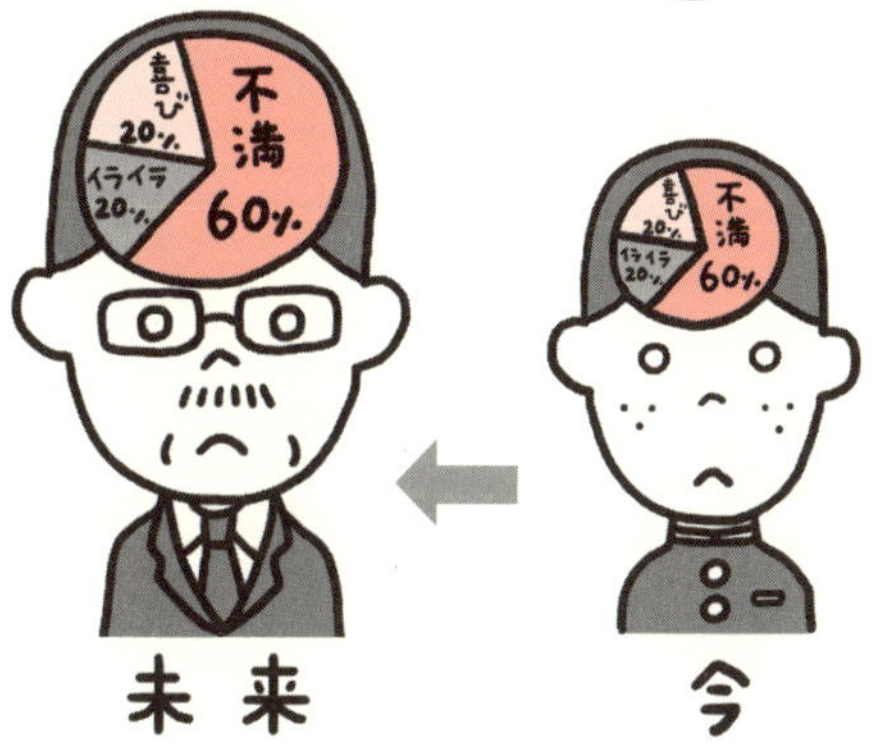

喜びとは、「ない」ものが「ある」に切り替わることです。

僕らの心の状態は、いつもあれが「ない」、これが「ない」と、不満、不足を投げかけているので、「ない」という雛形が「ない」という未来を引き寄せているのです。

一方、予祝とは、「ある」に目を向ける行為です。
「ある」という雛形を現在に作っているのです。

「ある」という雛形は、「ある」という未来を引き寄せます。
これが、予祝で願いが叶う原理です。

さて、では、いまのあなたの心の内訳はどうなっているでしょうか?
「喜び」「不満モヤモヤ」「イライラ」のパーセンテージを、円のなかに書き出してみよう。

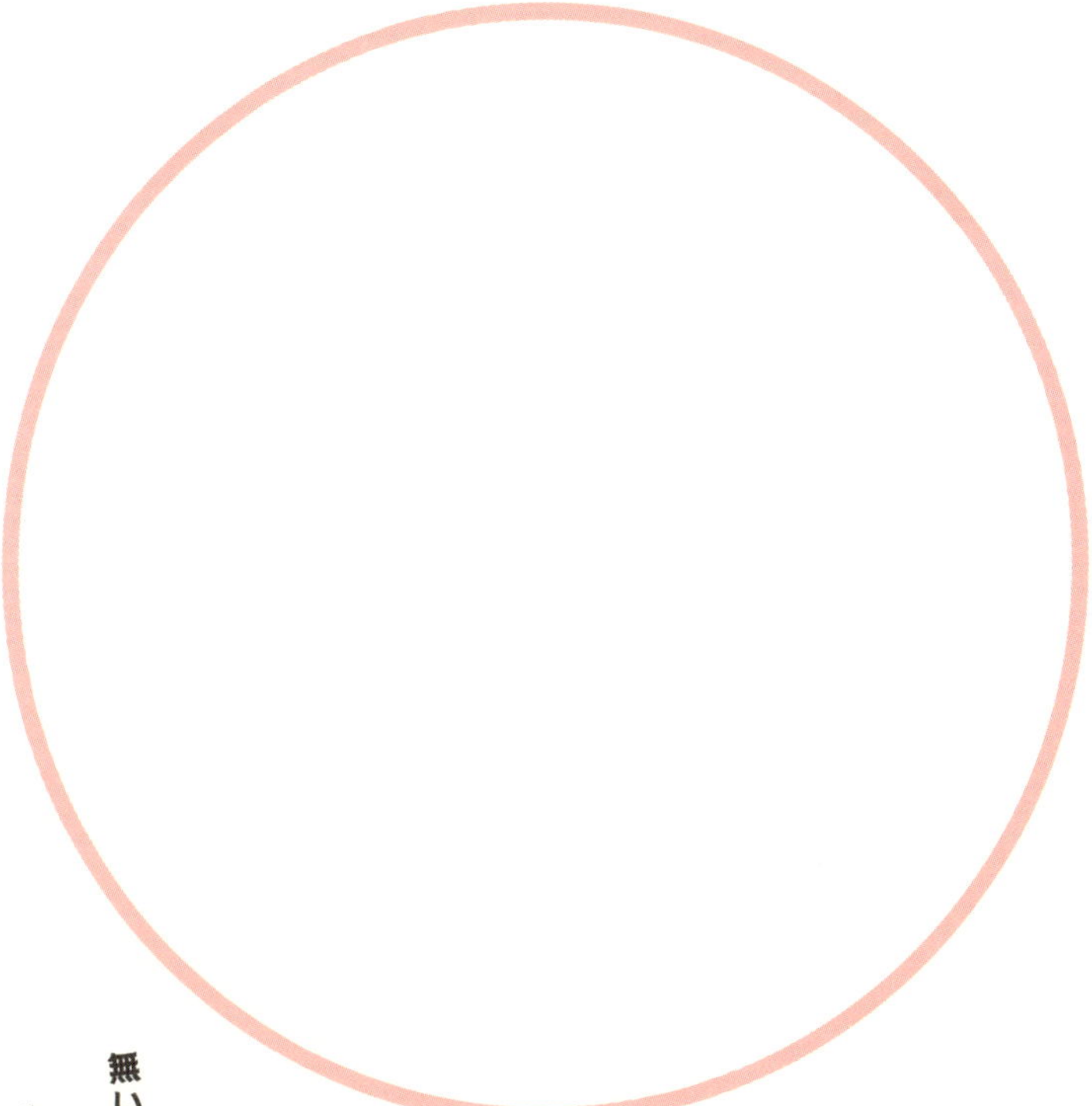

無いもの
以外は
すべてある！
めでたい
祝

心にゆとりが生まれると、お金もゆとりが生まれる

この事件は、ひすいが『世界一ふざけた夢の叶え方』（フォレスト出版）という本を一緒に書いた、億万長者の友人、菅野一勢《いっせい》さんから教えてもらった実話です。

さて、その事件とは、飛行機のなかで起きました。

パリから羽田に向かって飛び立った飛行機にトラブルが発生。パリに引き返すことになりました。ここで事件は起きます。

客室乗務員さんがファーストクラスのお客様を回ったところ「パリで買い忘れたものがあったからよかったよ」とか「君も大変だね。がんばってね」とエールを送られたそう。ビジネスクラスのほうは「明日は会議があるから困るよ」とせかせかした空気になっていたとか。

で、エコノミーの後輩が心配になって、のぞいてみたら、なんと胸ぐらをつかまれていたというのです。

これ、お金にゆとりがある人たちは、心もゆとりがあると普通は思うんでしょうが、菅野さんは「違う」と言います。

心にゆとりが生まれると、お金もゆとりが生まれるのだと。心が先なのだと。

実は、菅野さんは昔、とてもネガティブな性格だったとか。しかし、大富豪の斎藤一人さんの本で「ツイてる人とは、ツイてると言っている人である」と知り、思いが先、言葉が先だったんだと衝撃が走り、その日から、何があっても「ツイてる」と言う練習を3カ月間みっちりしたのだそう。

すると、失敗することが次第に怖くなくなり、いろいろ新しいことを試せるようになった。そのうちの1つの企画がヒットし、あれよあれよと、1年ほどで年収1億円になってしまったのです。だからこそ、心が先なんだと実体験からわかっているんです。

菅野さんの場合は「ツイてる」を3カ月口グセにしたら、福岡に行く飛行機に乗り遅れたときも「ツイてる。アメリカ行きじゃなくて」と言える自分になれたそう。新車のドアを傷つけたときも「ツイてる」と咄嗟《とっさ》に言えた。隣にいた友達からは「顔はひきつってたよ」と言われたそうですが（笑）。

「成功したら幸せになれるのではない。先に幸せであることが成功を生むのだ。もしあなたがいまの仕事に幸せを感じているのなら、必ず成功するだろう」

アルベルト・シュバイツァー（ドイツの医師・神学者・音楽家）

心が先なのです。

「心」×「行動」＝「あなたの未来」

予祝の原理を車の例でも説明してみましょう。

いまいる場所から違う場所に行くには、エンジンだけではダメで、そこにハンドル（方向性）が必要ですよね？

その「ハンドル」があなたの「心の状態」に当たるのです。

次ページの図をご覧ください。

喜びの世界か、不安と恐れの世界か、道は2つに分かれるのですが、どちらにハンドルを切るかは、心の状態によるのです。

つまり、未来は、選べるのです。

未来はあなたのいまの心次第で、今日変えることができるのです。

行動は大事です。でも、その前に、どんな心の状態で行動するのかが、もっと大事だったんです。

がんばってるのに、夢がなかなか叶わないという方は、「心の状態」がマイナスなまま行動してるので、どこまでいっても現実がプラスに転じないんです。

というわけで、未来を生み出す方程式はこちらです。

「いまのあなたの心の状態」×「行動」
＝「未来」

「どんな心で」×「なにをするか？」
ってことです。

つまり、「あり方・Being」（心）×「やり方・Doing」（行動）＝「未来」

そして、最高の未来を作りたかったら、こうなります。

「ワクワク」×「行動」＝「史上最強の未来」


これが自分の人生を最強にする方程式です。

方程式というか、ただの掛け算ですけどね（笑）。

ネイティブ・アメリカンのナバホ族の格言で言うなら、これです。

「すばらしい夢を見て、それを行動に移せ」


手段や方法や行動ももちろん大事です。しかし、心がワクワク１００％であれば、人は勝手に行動するし、手段だって、１００万とおり見つかるものです。

まずは、あなたの「ワクワクリスト」を書き出してみよう。

過去にワクワクしたことは、なんですか？

ワクワクする場所は？　ワクワクする人は？　ワクワクする夢はなんでしょう？

言い切ることから奇跡は始まる

フランスのエミール・クーエというお医者さんが、患者さんに、毎日、朝起きたときに鏡に向かってこう言うように指導したそうです。

「毎日少しずつ、わたしの身体のすべてが、いま、ますます良くなりつつあります」

なんと、これで、非常に多くの患者さんが驚異的な回復を見せたというのです。

治療不可能と思われていた患者さんも、見事に治癒してしまった。朝起きたときに、自ら口に出す言葉は、無意識へと働きかけ、爆発的な治癒力を引き出したのです。

これは「クーエ療法」と名づけられています。

ポイントは、「〜なりたい」ではなく、「〜です」「〜なりつつある」「〜である！」と言い切ることです。

ケルマデックという名前で活動している、ひすいの知人のカウンセラーさんは、この「クーエ療法」をクライアントさんに伝えたら、営業の女性は、毎日、鏡に向かってこう話しかけたそうです。

「わたしは磁石だ！　わたしの車を必要とする人を常に引き寄せている。わたしから車を買った人は、心から満足してくれる！」

すると、1年で営業成績が3倍になったのだそうです。

ある女性は、毎朝、起きたら鏡に向かってこう宣言し続けたそうです。

「わたしは、愛と安らぎの女神です」

この女性は、数カ月のうちに、ナンバーワンキャバ嬢の地位を獲得したそうです。

「言い切る」というのは、実は、とんでもない力を発揮するのです。

ケルマデックさんの知人は、このクーエ療法で、こんな体験をしたとメールをくれたそうです。

「聞いてください。私はこの数カ月、『わたしはわたしを愛しています』『わたしはとっても素晴らしい存在です』『わたしは外の世界がなんと言おうと魅力的でチャーミングです！』と、毎日、自分に対して力強く言っていたら、ほんとうにそう言ってくれる恋人が、わたしの人生に登場しました。超びっくりです。いままでの人生では、絶対に考えられない世界です。人生のコツが少し見えてきました」

予祝は、未来の先取りですから、はなから、もうそうなっていると宣言しているわけです。さらに、そこに、喜びという「感情」を動員し臨場感を高めているのです。

「感情」こそ、こうありたいというヴィジョンに向かうジェットエンジンです。

「未来の先取り」（ヴィジョン・イメージ）×「喜び」（感情エネルギー）＝「予祝」です。

どんどん言い切って先に喜んで、この世界を面白おかしく変えていきましょう。

さて、あなたはどんな存在であると、この宇宙に宣言したいですか？

脳は未来志向

ひすいは心理療法を、矢野惣一《そういち》先生から習ったのですが、過去、現在、未来、という時間のなかで、**「脳のなかでは、未来が一番最初にくる」**と教えてもらいました。

どういうことかというと、「未来をどうしたいのか？」という目的がないと、脳の時間は動かないということです。

たとえば、僕らは朝起きたら、洗面所に行きます。

これは「起きて、顔を洗おう」という未来を先に描いたので、洗面所に向かったわけです。電車に乗るのも、会社に向かう未来を先に描いたから行動しています。

「いや、いや。なんの目的もなくただふらっと外に出ただけです」

という方も、先に、外をふらっと散歩するという未来を描いたから外に出たのです。

私たちがなにか行動を起こすとき、必ず、そこに「得たい結果」があるわけです。

つまり、脳は「未来志向」なんです。

その未来を、ちゃんと心がときめく未来に設定しましょう、というのが予祝のこの本でお伝えしたいことなんです。


お掃除・お片づけコンシェルジュの堀内真弓先生の講演を聞いたことがあるのですが、「片づけができない。あったものを元に戻せない」という人の質問に、どう答えたかというと、「どんな部屋にしたいか、どんな部屋だとうれしいか、まず、部屋のテーマを決めましょう」とお伝えしていました。

部屋のテーマを決めて、心躍る未来をまず先に描かないから、あったものを元に戻すというモチベーションすら生まれないんです。

お掃除、お片づけだって、心躍る未来を先に描くのがコツだったのです。


「部屋を片づけないといけない」としぶしぶやっているのと、「こんな部屋に住みたい」とワクワク片づけするのとでは、同じ片づけるという現象でも、エネルギーがぜんぜん違うのです。

さて、あなたがやっていることは、ちゃんと、ときめく未来につながっているでしょうか？

予祝は、未来を明確にする行為です。

しかも、心躍る未来を明確にします。

だから、生活が変わり、行動が変わってくるのです。

第3章

予祝はこうやる。予祝マスターになる

人は、いま放った言葉と
未来でまた出会う

予祝からわずか4カ月でスピード出版

この章では、予祝を使って願いを叶えた体験談をいくつか見ていただき、こんなときも予祝って使えるんだと理解を深めていただきます。

そのうえで、最後に、あなたが日常のなかで実践しやすい予祝ワークを多数紹介させていただきます。

いよいよこの章を読んだら、あなたは予祝マスターです。

では、予祝の体験談です。

この本の打ち合わせで、フォレスト出版編集部を訪ねたときに、ある男性とバッタリ出会いました。その男性は、僕（大嶋）が主催した予祝合宿に参加してくれていた方。彼はその合宿で「どうすれば本を出版できますか？」と質問されていたんです。なんで彼がフォレスト出版にいたのか？

なんと、彼は自分の本の見本ができたと、出版社に取りに来ていたのです。

えっ？　彼の本？

２０１７年の２月７日に「どうすれば本が出せるんですか？」と質問していたというのに、わずか４カ月後の６月15日には本の見本が完成しているというのです。

出版が決まっただけではなく、わずか４カ月で本まで完成し、夢が叶っていたんです。

いったい、なにがあったのか？


２月の予祝合宿で、彼の願いであった出版が決まる「予祝インタビュー」（１００ページ参照）をしたところ、その後の彼の講演会に、偶然、出版社の人が話を聞きに来てくれたそうなんです。で、終わったあとに、「本を出しませんか？」と、いきなり声をかけられた。で、トントン拍子で本が完成してしまったというのです。


しかも偶然、彼の講演会にやって来たその編集者さんは、この本の担当編集である稲川智士出版局次長だったのです。

予祝をしたら、予祝の本を作っている編集者さんを偶然に引き寄せたのです。

彼が予祝をやって出版社を引き寄せたことは、稲川さんも知らなかったので、もう、ビックリです。予祝をすると、こんな奇跡のような偶然が頻繁に起きるようになります。

写真はいまや、著者の浦上大輔さんで、このときバッタリ会ったときの写真です。

でき上がったばかりの『たった1分で相手をやる気にさせる話術ペップトーク』と。
しかも「ペップトーク」はドラマに取り上げられ、増刷、増刷と現在、8刷に！　浦上さん、おめでとう！！！

一夜にして抱えることになった2000冊の在庫に予祝

さまざまな予祝体験談が寄せられています。

私はいままで2冊の本を出しているのですが、2017年冬、あるメッセージが出版社さんから届きました。「会社が倒産に向かっており、本を処分することになります。倉庫にある本は2000冊です」。

えっ⁉　私の本、2000冊を処分？　私の頭のなかにはさまざまなことがめぐりましたが、5分後に出版社さんにこうメールしていました。

「2000冊、すべて買い取らせていただきます」

本当はドキドキしていました。私にその本をもう一度売る力はあるのか？

２０００冊も届いたら、部屋がすごいことになるんじゃないか？

なにも言わず処分してもらえばノーリスク。でも、耳の奥で鳴り響く声があるのです。

「これはなんのチャンスだ？」と。

この本の役目はまだ終わってないんじゃないか。そんなふうに考え、２０００冊すべてを買い取らせてもらいました。

その夜、主人と2人でやったことは「前祝い」でした。本が完売し、新しい出版社さんで生まれ変わったお祝いです。

「いやぁ、売り切りましたね！」

「驚くほどの勢いだったね！　皆がシェアしてくれて！」

「こんなにも素敵な人に囲まれて幸せだなぁ！」

「本当にそうだね！　みんなのおかげだなぁ」

「そしてそして、新しい出版社さんで生まれ変わるなんて！」

「おめでとう！」「ありがとう！」「最高！」「乾杯！」

夫婦で、本の完売と、本の復活を祝って乾杯をしました。

当然、不安はありました。そんななか、ひすいさんのブログを開くと「出版社倒産！」という記事が目に飛び込んできました。

小説家、森沢明夫先生のエピソードが書かれていて 森沢先生のデビュー作『海を抱いたビー玉』の出版社が倒産してしまうエピソードでした。そんな悲惨ななか、ひすいさんが森沢さんにかけた言葉が「森沢さん、おめでとうございます‼」。

予祝がそこには書かれていました。その後、森沢さんの絶版になった『海を抱いたビー玉』は小学館で文庫として生まれ変わり、さらに売れて、その後の森沢さんの作品が次々に映画化ラッシュ！

私は森沢さんのエピソードを読んで、目を閉じながら、天を仰ぎ、「間違いないやつやで、これ」とつぶやきました。こんな偶然あるかな？　って。

ひすいさんと森沢さんが「お前ならできるぞ」と言っている（勘違い）。

私は自分のコミュニティに倒産の事実を話しました。そうすると、仲間たちは即座に「完売おめでとう」と、ここでも皆が口裏を合わせたように予祝をしてくれました。

そうして、私は「出版社がなくなり絶版になるので復活させるプロジェクト」と銘打ちクラウドファンディングを開始。開始後、瞬《またたく》く間にそのプロジェクトは広がっていきました。広げてくれたのはコミュニティの仲間たちと、いままでに本を買ってくださった読者様でした。「この本をなくしてはならない！」、そう言いながら プロジェクトが広がっていきました。

そして、プロジェクト開始2日目のことです。

〝ポーン〟とフェイスブックからメッセージのお知らせがありました。

「僕も同じような体験をしました」と。なんと、森沢明夫先生ご本人！

さすが、映画化率NO1！　映画的タイミング！　映画的展開‼

メッセージの内容は励ましの言葉や本の復活へのいろんなアイデアでした。

私は泣きながら心のなかで「ええ、知ってますとも！　森沢さんのエピソードを胸に私は前に進むことができるんですもの！」と叫びながら、森沢さんに心から感謝しました。

プロジェクト開始後から1週間で、２０００冊の本は完売になり、私は主人と2人、このように祝杯をあげました。


「いやぁ、売り切りましたね！」

「驚くほどの勢いだったね！　皆がシェアしてくれて！」

「こんなにも素敵な人に囲まれて幸せだなぁ！」

「本当にそうだね！　みんなのおかげだなぁ」

「おめでとう！」「ありがとう！」「最高！」「乾杯！」


人は、いま、言った言葉を、未来にもう一度言いたくなる。

人は未来をいま作っている。


「予祝」という2文字に、私たちが生きるすべてが込められてる気がしました。

——めしょん

「大縄跳び、最高記録700回おめでとう！」

私は、小学校の先生です。あまりの予祝のパワーとすごさに驚きました。

昨年度は6年生の担任で、卒業を控えた2月、5分で跳ぶ、8の字大縄跳びで予祝をしました。

迎えた当日の朝、教室で予祝の話をし、子どもたちに目標を聞いたら700回跳ぶと。これまでの練習では、最高で652回だったので、正直なところ680がいいところだと思っていました。でも、子どもたちは、お祝いなんだから、700回がいいと。ちなみに、この学校の過去5年間での最高記録が614回なのです。

まず、黒板に子どもたちが「○○小学校最高記録700回おめでとう」と書いて、予祝の始まりです。

1人ひとり「700回跳んだ」という形で、喜びの感想を言っていったのです。

「本当にうれしかった。700回跳べた!!」

「いま、最高の気持ち。この記録は、私たちの小学校であとにも先にも1位です」

「このクラス、このメンバー、明るい先生のおかげで跳べた700回だった」

「ボクはこのことを、この数字を、一生忘れない」

「20歳の成人式のとき、学校に来て、この記録が破られてないか確かめに来よう」

「腕が痛くても、最後までがんばってよかった」

「がんばって練習してきてよかった」


それはそれは、素直な子どもたちだからこその最高の予祝でした。私は、我慢しきれず、泣いてしまいました。

「もう、先生は最高のプレゼントをもらったから700回跳ばなくていいや。ありがとう、ありがとう」と体育館へ。そうして本番……。

695…… 696…… 697…… 698…… 699……

700！

ほんとうに、ほんとうに子どもたちは、
700回ぴったりの記録を出したのです。
思い起こすだけで、また感動がよみがえり、
涙が出てしまいました。

ほんとうに、予祝を知れたことに
感謝しています。

――ひとみ

予祝作文で「予祝マジやべえ！」と大興奮した小学校

私は小学校の先生をしています。

運動会前に、どんな運動会になったら最高か、みんなで想像して「予祝作文」を書いて前祝いをしました。すると子どもたちは、自然と笑顔になり、テンションも最高潮。普段、読書感想文書くときは笑顔になることはないのにです。

それから運動会の日まで、帰りの会で毎日、「赤組優勝しましたぁ‼」とハイタッチして喜び合いました。

一方、担任の私からは「予祝学級通信」を内緒で作り、運動会前日に生徒たちにこう伝えて渡しました。

「明日が運動会だけど、我が赤組は8年間優勝がないね。でも大丈夫。伝説を作る準備は、予祝作文に書いたからもうみんなバッチリだね！

そこで、ジャーーーン！　先生も『予祝学級通信』書いたぜ！」

そして、教室のスクリーンにデカデカと、この「予祝学級通信」を映し出したのです。

学級通信にはこんな予祝コメントを前祝いとして入れました。

「優勝できると最後まで信じて全力でやった！　優勝が決まった瞬間、うれしすぎて頭が真っ白になりました」

「リレーは最初3位だったけれど、あきらめずみんなを信じて全力で走った。1位でゴールしたときは涙があふれた」

こんなふうになったらうれしいと想像したことを、そうなったと記したのです。

そして、運動会前に、みんなで喜びを先に味わったのです。

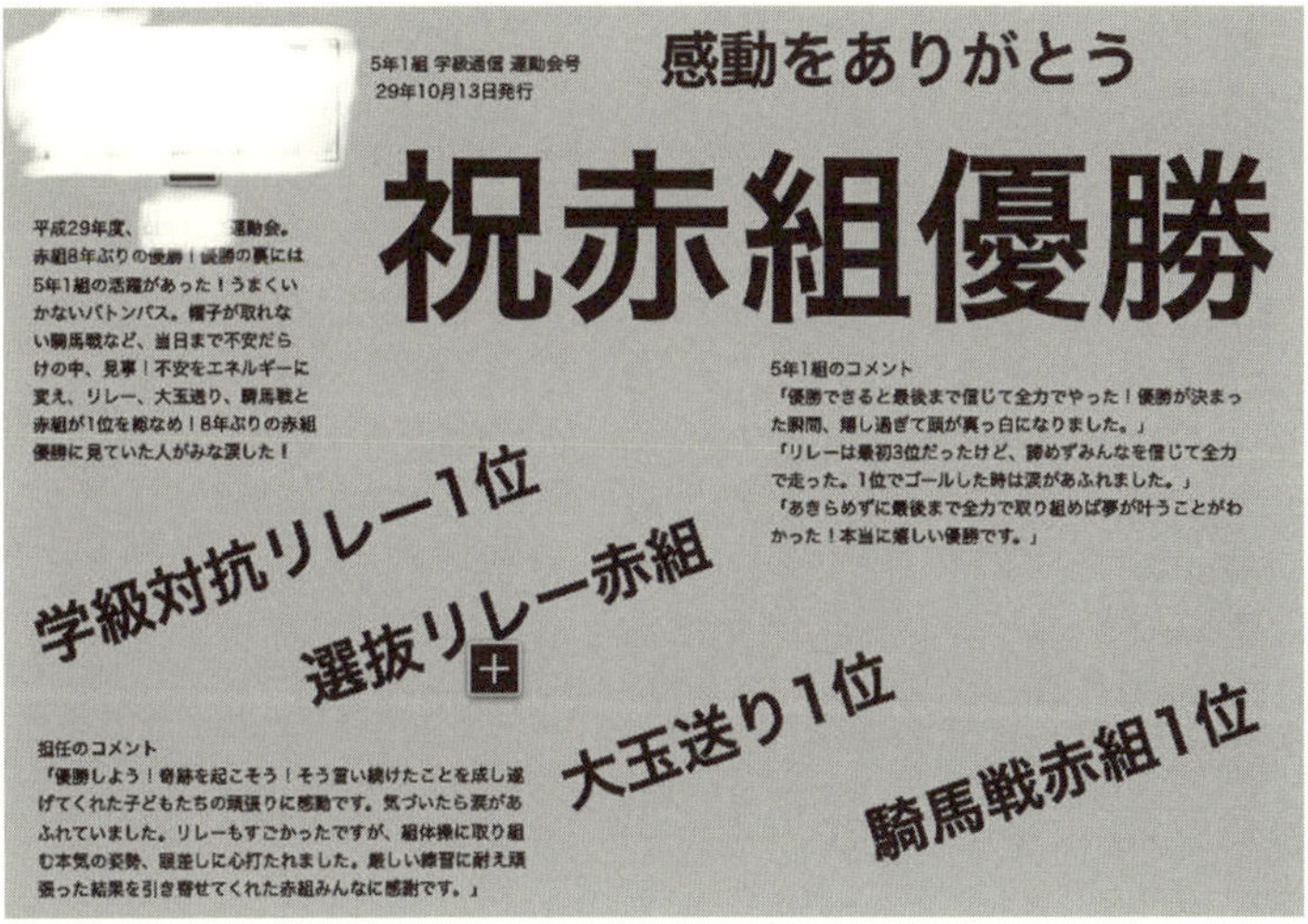

5年1組 学級通信 運動会号
29年10月13日発行

感動をありがとう

祝赤組優勝

平成29年度、運動会。
赤組8年ぶりの優勝！優勝の裏には5年1組の活躍があった！うまくいかないバトンパス。帽子が取れない騎馬戦など、当日まで不安だらけの中、見事！不安をエネルギーに変え、リレー、大玉送り、騎馬戦と赤組が1位を総なめ！8年ぶりの赤組優勝に見ていた人がみな涙した！

5年1組のコメント
「優勝できると最後まで信じて全力でやった！優勝が決まった瞬間、嬉し過ぎて頭が真っ白になりました。」
「リレーは最初3位だったけど、諦めずみんなを信じて全力で走った。1位でゴールした時は涙があふれました。」
「あきらめずに最後まで全力で取り組めば夢が叶うことがわかった！本当に嬉しい優勝です。」

学級対抗リレー1位

選抜リレー赤組

大玉送り1位

騎馬戦赤組1位

担任のコメント
「優勝しよう！奇跡を起こそう！そう言い続けたことを成し遂げてくれた子どもたちの頑張りに感動です。気づいたら涙があふれていました。リレーもすごかったですが、組体操に取り組む本気の姿勢、眼差しに心打たれました。厳しい練習に耐え頑張った結果を引き寄せてくれた赤組みんなに感謝です。」

さらに私は、子どもたちが下校したあと黒板に絵を描いておきました。運動会当日、学校に来た子どもたちは、この黒板を目にします（次ページ）。

結果、赤組8年ぶりの優勝！　閉会式のときの順位発表で子どもたちは、

「予祝やべぇーーー！！！」

「予祝どおりーーーー！！！」

「予祝！　予祝!!　予祝!!!」

と大騒ぎでした。

予祝をやってみて、間違いなく言えるのは、子どもたちの笑顔が増えたことです。結果、教室の空気が明るくなり、欠席する子もいなくなりました。

いまも新しいクラスで「予祝朝礼」をやっています。

朝、目を閉じて、「今日が最高に楽しい学校生活になりました」と想像してから、1日を始めるのです。

とにかく予祝で日本の教育が変わりますよ！

――周平

5ー1
仲間を信じて
伝説を作れ
優勝
5年1組

予祝通りの優勝
ありがとう
感動した

WORK

具体的な夢がなくても、いますぐできる笑顔の予祝。未来の笑顔の先取り

【予祝スマイル】

❶あなたの夢が叶ったとき、あなたはどんな笑顔をするでしょうか？

いま、具体的な夢がないという方も大丈夫。この先、最高の未来が待っていたとしたら、その未来で、あなたはどんな笑顔で過ごしているでしょうか？

❷鏡の前で、その最高の笑顔をしてみるのです。鏡の前でニッコリと笑って、鏡に映る自分の瞳に優しく「ありがとう」と伝えよう。

瞳は潜在意識の入口と言われます。その瞳に、未来の自分の最高の笑顔を先取りして映すのです。これは具体的な願いや夢がないという方にも有効で、鏡の前で最高の笑顔をしてみるだけでいいのです。いわば笑顔の予祝です。

自分の瞳に優しく笑いかけて、最高の笑顔で自分に「ありがとう」を伝える。これを僕（ひ

すい）はラジオ番組で伝えたことがあるんですが、効果が出たと大反響でした。ラジオ番組のプロデューサーさんはこれを2カ月続けたら、ほうれい線が消えて若返ったそうで、あまりの効果に驚き、小学生のお子さんにも教えてあげたら、なんとアトピーが治ったそうです。

これは、『ゆるんだ人からうまくいく。』（ヒカルランド）で、ひすいが共著させてもらった知の巨人・植原紘治《こうじ》先生から「最高の夢の叶え方」ということで教えてもらった、とっておきの予祝です。

WORK

ヒーローには決めポーズがある【予祝キメポーズ】

どんなことが叶ったらうれしいですか？

それが叶ったときの状況を想像してみよう。

誰がどんなふうに喜んでくれているでしょうか？

そして夢が叶ったときに、あなたがするポーズを先に決めてしまおう。

ガッツポーズでもいいし、両手を胸に当てるポーズでもいい。自分で自分をハグするセルフハグでもいいし、左手を腰に右手を高く掲げるヒーローのような姿でもいい。


そして、決めポーズをしたまま、夢が叶ったときの喜びを胸いっぱいに感じながら、「あ〜〜〜幸せ〜〜〜」と温泉に浸かってるような気分で、3回声に出して言ってみよう。声に出すと、幸せな気持ちがあふれてきます。

実は、喜びを深く味わってる瞬間に時空（未来）が切り替わるのです。

これは、夢が叶ったときの喜びとポーズを連動させるワークです。毎日繰り返すことで、そのポーズをするだけで喜びを感じるようになっていきます。

恋も受験もスポーツもビジネスも予祝。最高の未来を予祝する

【未来日記】

願いが叶ったときの状況を想像しながら書く「未来日記」。以下、3つのポイントを押さえて日記を書きます。

❶願いが叶った自分はどんな気持ちか？
❷誰がどのように喜んでくれているか？
❸夢が叶ったその未来はどんな様子で、自分はなにをしているか？

今回、例にあげさせてもらったこの子は、不登校で、学校に行けていなかったのですが、そんななかで、予祝を知り、書いた「未来日記」がこちらです。

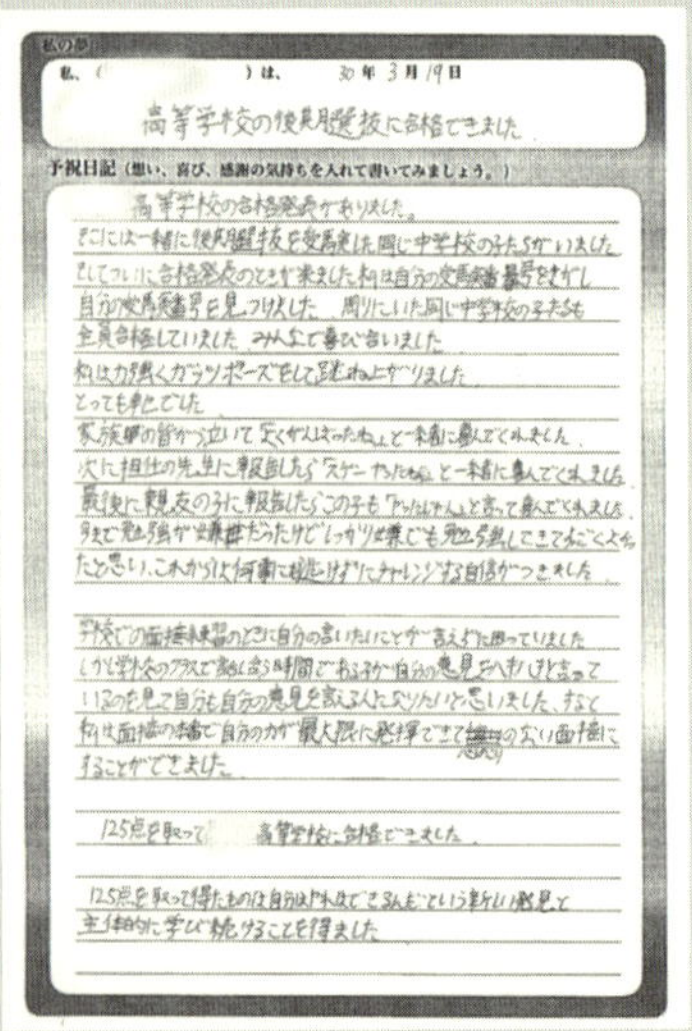
私の夢
私、（ ）は、 30年3月19日
高等学校の後期選抜に合格できました
予祝日記（想い、喜び、感謝の気持ちを入れて書いてみましょう。）
高等学校の合格発表がありました。
そこには一緒に後期選抜を受験した同じ中学校の子たちがいました
そしてついに合格発表のときが来ました 私は自分の受験番号をさがし
自分の受験番号を見つけました。周りにいた同じ中学校の子たちも
全員合格していました みんなで喜び合いました
私は力強くガッツポーズをして跳ね上がりました
とっても幸せでした
家族の皆から泣いて「よくがんばったね」と一緒に喜んでくれました。
次に担任の先生に報告したら「スゲー やったね」と一緒に喜んでくれました
最後に親友の子に報告したらこの子も「やったじゃん」と言って喜んでくれました。
今まで勉強が嫌だったけどしっかり授業でも勉強してきてすごくよかったと思い、これからは何事に逃げずにチャレンジする自信がつきました。
学校での面接練習のときに自分の言いたいことが言えずに困っていました
しかし学校のクラスで話し合う時間である子が自分の意見をへいきと言っているのを見て自分も自分の意見を言える人になりたいと思いました。すると
私は面接の本番で自分の力が最大限に発揮できて悔いのない面接にすることができました。
125点を取って 高等学校に合格できました。
125点を取って得たものは自分はやればできるんだという新しい発見と主体的に学び続けることを得ました

○○高等学校の合格発表がありました。そこには一緒に後期選抜を受験した同じ中学の子たちがいました。

私は自分の受験番号を探し、自分の受験番号を見つけました。周りにいた同じ中学校の子たちも全員合格していました。みんなで喜び合いました。

私は力強くガッツポーズをして跳ね上がりました。とっても幸せでした。家族の皆が泣いて「よくがんばったね」と一緒に喜んでくれました。次に担任の先生に報告したら「スゲーやったね！」と一緒に喜んでくれました。

最後に親友の子に報告したらこの子も「やったじゃん」と言って喜んでくれました。

いままで勉強が嫌いだったけど、嫌でもしっかり勉強してきてすごくよかったと思い、これからは何事にも逃げずにチャレンジする自信がつきました。

学校での面接練習のときに自分の言いたいことが言えずに困っていました。しかし、学校のクラスで話し合う時間で、ある子が自分の意見をハキハキと言っているのを見て、自分も自分の意見を言える人になりたいと思いました。すると、私は面接の本番で自分の力が最大限に発揮できて心残りのない面接にすることができました。

125点を取って○○高等学校に合格できました。

125点を取って得たものは、自分はやればできるという新しい発見と主体的に学び続けることです。

不登校だった彼。でも予祝で未来を想像したら、高校に行って〝学級委員長をしている自分〟がそこにいたのだそうです。そして予祝をして、見事、公立高校に合格し、ほんとうに学級委員長になったのです。

この「受験予祝」は受験生にぜひオススメです。

志望校に合格するところだけ未来を描くのではなく、さらにその先を想像するのです。

目標の学校に行ったら、なにをしているのか、どんな楽しいことが待っているのか、どんな部活動をして活躍しているのか、など、受験のその先の、最高に楽しい学園生活をワクワク想像するのです。

これはビジネスマンにもオススメなので、これから始めるプロジェクトを同じように想像して未来日記を書いてみてください。

「未来日記」は、恋愛にもいいですね。どんな服装で、どこにデートし、どんな会話を楽しんでいるか、相手はなんと言っているのか、想像して書いてみよう。

ちなみに、大嶋が研修に入る、高校球児たちにも、甲子園出場が決まった日の日記をあらかじめ想像して書いてもらっています。

WORK

奇跡続出。みんなでやると盛り上がる【予祝インタビュー】

願いが叶ったことを前提に友達とインタビューし合う「予祝インタビュー」。

1人が夢を叶えたという設定で、さも叶ったふうに語ってもらいます。あなたが最高にあなたらしく生きているとしたら、未来では自然にこういうことをやっているんじゃないかというものを感じながら話してください。

インタビューアーの人は、質問は左記を参考にいろいろ聞いてあげてください。順に読んでいってもいいし、アレンジしていただいても大丈夫です。

テレビ局の人が取材に来たという形でやっても楽しいです。

《インタビュー項目例》

- 夢が叶ったということですが、どんな夢が叶ったんですか？
- そのときの状況をぜひ詳しく教えてください。

●夢を実現されて、いまどんな気持ちですか？
●夢を実現したことで、周りからはどんなふうに言われてますか？
●とくに印象に残ってるシーンはありますか？　あれば教えてください。
●なぜその夢を持ったのか、そもそもの動機や原点となる体験を教えてください。
●その夢が叶うことで周りの人に、また社会にどんな影響を与えましたか？
●夢を叶えるために具体的にどんなことをしてきたんですか？
●あなたの夢を叶えるために誰がキーパーソンでしたか？
●なにが成功の要因でしたか？
●多くの人はあきらめてしまうのに、なぜ、あなたはあきらめなかったんですか？
●夢を叶える途中にどんな困難がありましたか？　それをどのように乗り越えたんですか？
●夢を叶えたとき、誰が一番喜んでくれましたか？
どんなふうに喜んでくれましたか？（誰がどんなふうに喜んでくれたのが印象的でしたか？）
●夢を叶えたいま、誰に、どんな言葉で感謝を伝えたいですか？

●夢を叶えたいま、あなたはどんな生活を送ってるんでしょうか？
●夢を叶えるために踏み出した、最初の一歩はなんだったんですか？

最後に、「感動的な話をありがとうございました」とインタビューを締めて、2人で、このワークをやってみて感じたことをお互いにシェアし合います。インタビューアーも話を聞いていて感じたことを伝えてあげてください。このシェアの時間がとても大切です。

そして、夢を語った人は、今後、具体的に何をすればいいか行動リストや気づきをノートに書き出す時間を作ります。

このインタビューのポイントは、なにを言うかではなく、うれしいという感情を深く味わいながらやるところです。このインタビューを通して、夢を叶えたときの喜びにリアリティ（現実感）を感じることが目的なので、ムリに大きな夢を語る必要は全然ありません。

だから、夢を語る人は、ノリを大事に、適当でいいので、出まかせで答えてください。

スピード感重視で、ぽんぽん答えていくと、思ってもみなかったことを自分でも話し出したりします。

このインタビューは、居酒屋で仲間数人でやると盛り上がるので、予祝飲み会をぜひやってみてください。もちろん、乾杯の挨拶《あいさつ》は「おめでとう！」で。恋人や親子でやるのもとっても楽しいです。

WORK

大晦日《おおみそか》にワープして、今年1年を予祝する【1年予祝】

このワークは、1人でもできますが、仲間とやるともっと楽しいです。

仲間と居酒屋でやる場合のやり方を説明しておきます。

乾杯前に、「今年1年、どんな1年にしたいですか？」と質問し答え合います。「笑顔があふれる1年にしたい」とか、ざっくりとでいいです。

それでウォーミングアップをしてからの乾杯になります。

乾杯の音頭はこう言ってください。

「今年1年が過去最高の1年になりました。乾杯！！！」

ここではずみをつけて、

「過去最高の1年になりました。おめでとうございます。今年はなにが叶ったから、過去最高の1年になったんですか？」と聞き合います。


1年の最後12月31日の未来から、過去最高の1年を振り返り、どんな願いが叶った1年だったかを想像し、先に喜ぶ予祝ワークです。

「仕事面で最高だったことは？　うまくいったことは？　達成したことは？　仕事以外のことで、うまくいったことは？　うれしかったことは？　楽しかったことは？」

それぞれ聞き合いましょう。

1人でやる方は、これらをノートに書いていきましょう。

同じように、毎月の初めに今月はどんな1カ月になったらうれしいか、予祝するのもいいですね。

未来新聞
【予祝新聞】

こちらは、居酒屋「予祝のてっぺん」を和田裕直（現・てっぺん取締役社長）がスタートさせるときの、こんな店になったらいいなとスタッフ皆で書き合った予祝新聞です。

あなたも、こんなことが起きたらいいなということを新聞に載ったという形で次ページに書き込もう（拡大コピーすると書きやすいです）。

夢叶新聞

15年越しの快挙

2018年（平成30年）
7月2日
月曜日　大安
夢叶新聞
夢叶新聞社

2018年6月30日で第15期を終えた株式会社てっぺん（東京渋谷）が、世界初の【夢専門店】を出店1年目から大成功させた。創業当初から経営理念を「夢とありがとう」としてきたが、それをメインコンセプトとして出店する試みは初。メニューが1種類のコースのみという奇抜なスタイルながら、「仲間と夢を語り合う場の提供」を実施、国民的ベストセラー『世界一ふざけた夢の叶え方』のリアル版として同書のファンのみならず、全国から多くの利用者が連日訪れている。【関連記事は8面に】

魅せたてっぺん

夢の力

てっぺん夢専門店メンバーは最高の笑顔で喜びを表した（カメラ・テル浜野）

奇跡の12代目「夢専門店」

きっかけは錦織圭

夢の集大成

夢の眼差し

大人よ！熱く夢を語ろう！

それは『居酒屋で仲間と夢を語ること！』

夢を語ると自分に火がつく

夢を語っていると仲間が応援してくれる

夢を語っている仲間を応援したくなる

夢を語り合っている仲間が最高のライバルになる

世界で唯一の夢専門店がついに誕生

株式会社てっぺん　予約はお早めに！　お気軽にお問合せください　TEL 03-6804-7958

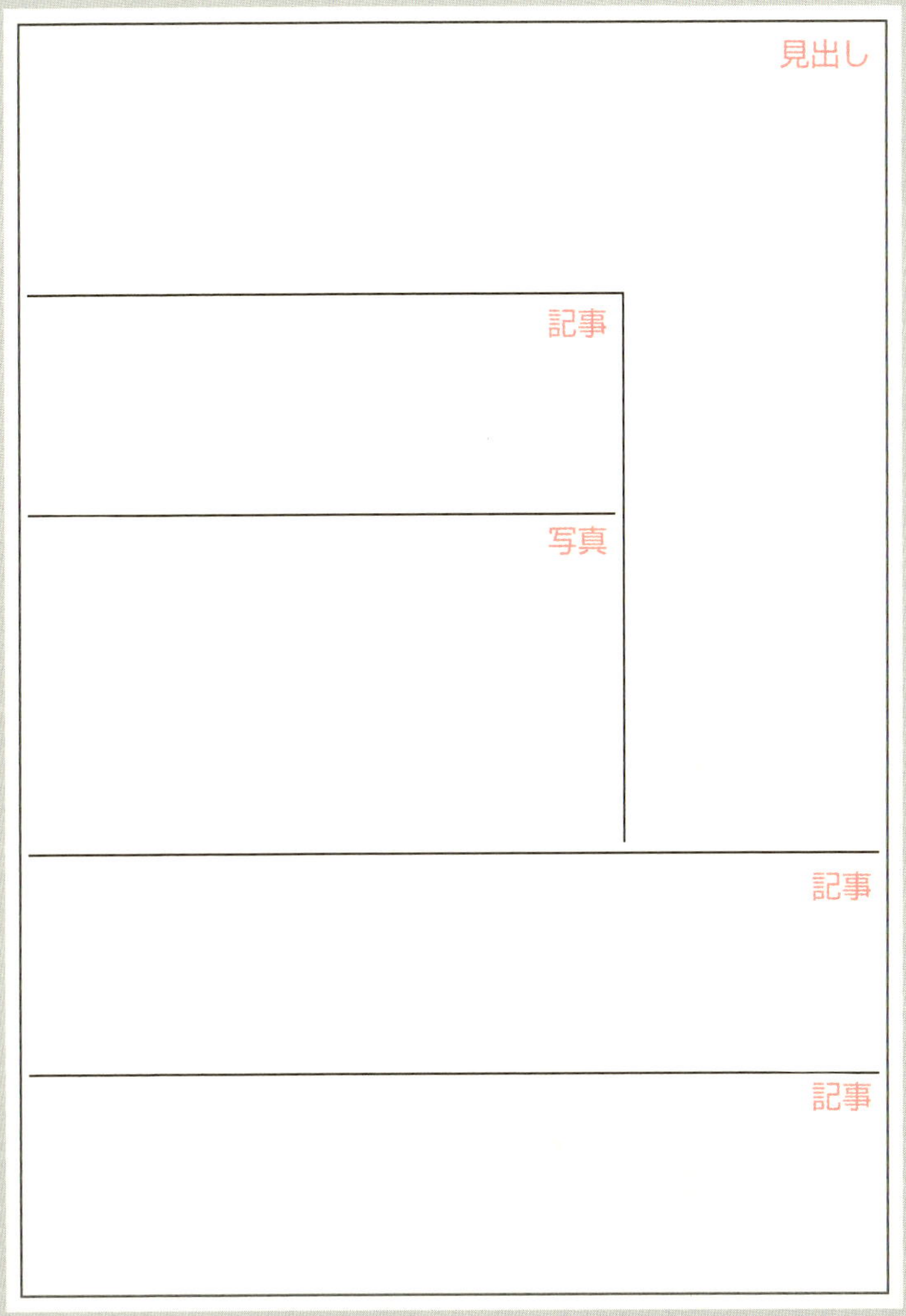
見出し
記事
写真
記事
記事

WORK

ワクワクするアイデアの出し方
【ブレインストーミング】

夢や目標がないという方は、まず、こちらのアイデア出しからやってみましょう。

「どうしたら仕事を楽しくできるか？」

「どうしたら会社に行くのが楽しくなるか？」

「どうしたらお客様はもっと喜んでくれるか？」

「どうしたらお客様は、すぐにまたあなたに会いに来たくなるか？」

「なんでもできるとしたら、どうなっていたら最高か？」

など、向き合いたい問いに対して、一度、思いつくアイデアをひたすら全部、ノートに書いてみることをオススメします。目標は１００コ。アイデア１００本ノックです。


仲間や、社員で皆でアイデアを出し合う場合は、こんなふうにやります。

まず、第１ステップでは、４~６人くらいのチームにして、大きな紙を真んなかに置いて、アイデアを出し合い、1人書記役が出たアイデアを全部この紙に書いていきます。15分とか30分とか制限時間をつけて、その時間のなかで出たアイデアの多いチームが勝ち。どんなにくだらないアイデアでもOK。できる、できないに関係なく、みんなで「いいね！」「すごいね！」「ウォー！」と掛け声を出しながらやっていくと楽しくなります（笑）。

第1ステップでは、アイデアはジャッジせず、質は問わず、単純に量で勝負。すると、バカみたいなアイデアが続出し、笑いが生まれて盛り上がります。盛り上がると、これまでの枠を超えたアイデアが出やすくなるのです。

そして、第2ステップで、その出たアイデアのなかから、実際に仕事に取り入れるものを精査していきます。判断するのは、第2ステップからでいいんです。

第1ステップと第2ステップを、ちゃんと分けてやるのがポイントです。

第4章

困ったときも前祝い。問題解決にも予祝は効く！

ピンチはチャンス
すべての問題は
さらに飛躍するために
起きている

「壁」はワクワクした瞬間に「扉」となる

人間関係のトラブル、病気、お金の問題など、悩んでいるときも予祝は使えます。

この章では、困ったことが起きたときにこそ、ステキな未来を引き寄せる予祝を紹介していきたいと思っていますが、その前に、あなたに挑戦していただきたいことがあります。

時計回りに回していた指が、油断すると、なぜか逆回りになってしまうゲームです。

逆回りにならないように、集中して、やってみてください。

逆回りになってしまった人は、もう1冊本を買って誰かにプレゼントしてくださいね（笑）。それでは、準備はいいですか？

まず、右手の人差し指を、天井に指してください。

天井に向かって、サッカーボールくらいの円を書くように、時計回りで、人差し指をグルグル回してください。

そのまま時計回りで回し続けながら、この先を読み進めてください。

いまから、時計回りが、なぜか逆回りに変わってしまいますので、細心の注意を払ってくださいね。

それでは、いきますよ。

グルグル時計回りに回しながら、ゆっくり右手を下に下げてきてください。

胸のあたりまで、下げてください。

どうですか？

時計回りに回していたはずが、時計回りと逆回りになっていますよね？

はい、約束どおり、もう1冊、この本を買って、あなたの大切な友達にプレゼントしてあげてくださいね（笑）。

では、なぜ、逆回りになるのでしょうか？

答えは……。


見る場所が違うんです。

見る場所によって、まったく違う現象に見えるんです。

扇風機と同じです。扇風機も、前から見ると時計回りに回っていますが、裏から見ると、時計と逆に回っています。

どこから見るかで、まったく同じ現象が、逆に見えるんです。

ピンチなのか、チャンスなのか、それはあなたの見方次第なんです！


1991年の話です。

巨大台風で、青森県のリンゴが9割も落ちてしまい、多くの農家さんが悲しまれました。

しかし、このとき、悲しまなかった農家さんがいたのです。

なぜ、悲しまなかったと思いますか？


「落ちなかったリンゴを『落ちないリンゴ』という名前で、受験生に売りましょう。1個1000円で」

すると、なんと、飛ぶように売れたのです。

あの巨大台風でも落ちなかったリンゴだって、受験生も大喜びで、農家さんも助かったんです。

同じ現象にもかかわらず、悲しむこともできれば、楽しむこともできます。


どんなピンチでも面白がれる見方があるんです。

どんな状況でも面白がれる見方があるんです。


「ナヤミ」（問題）というコインの裏側は、いつだって「ノゾミ」（望み・チャンス）なんです。

ほんとうの「望み」が裏に隠れているから、人は悩むんです。
だから悩みや困難、トラブル、ピンチ、その背後に隠れている「ノゾミ」（チャンス・ギフト）を見つけて、それを予祝するのが問題解決型の予祝です。
予祝は、叶えたい夢や願いがあるときだけではなく、人間関係のトラブル、病気、お金が足りないなど、あらゆる問題に使えるわけです。

まずはそのために、ありとあらゆる悩み、トラブル、問題がなんのために存在するのか知っておくことが大切です。

問題は、あなたがもっと飛躍するために存在しています。

そのことを、経営の神様と言われ、生涯に500億円の資産を生み出した、松下幸之助さんのエピソードで説明させてもらいます。

昭和36年。松下幸之助率いる松下通信工業（現在のパナソニック）の幹部全員が集まり会議が開かれていました。

トヨタから大幅な値引き要求があったのです。松下が納めていたカーラジオを20％コストダウンしろと。松下の幹部たちは困り果て、静まり返る会議室に、あの男があらわれます。松下幸之助の登場です。

幸之助の第一声はこうです。

「どうして、トヨタはこういう要求をしてきたんや？」

トヨタのこの要求の裏には貿易の自由化問題がありました。GMやフォードといった大メーカーとの競争が本格化し、このままでは日本の自動車産業そのものが滅んでしまう、という危機感がトヨタにはあったのです。

「松下がトヨタさんの立場だったらどう考えるかや。やはり、同じ要求をしていたかもしれん。トヨタさんは、どうすればコストダウンを達成して、日本の自動車産業を発展させていくことができるかという危機感でいっぱいやろう。いわば業界全体、さらには国のためを考えてるんや。松下1社の話とは違うんや。ここはできません、と断ってはいかんと思う。なんとしてでも、値を下げなければならん」

問題をマイナスとして捉えるのではなく、
その背後のプラス（希望・チャンス）を見ようとするのです。

幸之助は続けました。

「これは単に値引き要求を受けたというだけのことではないんや。日本の産業を発展させるための公の声だと受け止めなければならんのやないか？
もし20％の値引きに耐えられる製品ができたら、どうや？
トヨタさんだけやなく世界で通用する製品になるんやないか？」

幸之助は、この問題を乗り越えることで、どんな最高の未来が待っているか、想像させたんです。

最高の未来の先取り。これぞ予祝です。

この会議に参加していた幹部は、このときのことを「淀《よど》んでいた会議の雰囲気がぱっと晴れたかのように明るくなった」と、語っています。

結論を書きましょう。

コストダウン20％達成！　まさに、この瞬間、松下がカーラジオのトップメーカーへ躍り出た瞬間です。

さて、聞きましょう。
トヨタからの無茶な要求はなんのチャンスでしたか？
松下がトップメーカーになるチャンスだったのです。
あらゆるピンチはチャンスに化けるんです。

問題が起きたことが問題ではなく、
問題をどう考えるかがほんとうの問題なのです。

問題の先に、チャンスを見いだす。それこそ喜びの先取り、予祝です。
道を阻むすべての「壁」は、ワクワクした瞬間に、
あなたを新しい時空へ導く「扉」となるのです。

ちなみにコンサルタントの福島正伸先生に、
「やる気のない社員や、何度言ってもわかってくれない社員、陰口ばっかり言ってる社員がいたときはどう接するんですか？」と聞くとこう言います。

「興奮する」

ぶっ飛んでますね（笑）。

「倒産しそうになったらどうするんですか？」と聞くと、やっぱり答えは「興奮する」。

福島先生は、どんな問題でも、それを解決している未来しか見てないんです。

「陰口ばっかり言っていた社員が、心を入れ替えて素晴らしいチームになっている未来を想像すると興奮する」って言うんです（笑）。

22世紀の辞典にはきっとこう書かれているはず。

「困難」＝「興奮する」（笑）
「不可能」＝「ゾクゾクする」

ちなみにルパン三世は、ピンチになるとこう言います。
「面白くなってきたぜ」

退屈な「現実」があるのではなく、退屈な「見方」があるだけ

実は、経営者も、自分で掲げた目標にすでにワクワクしていない人が多いんです。「やらなきゃいけない。達成しなければいけない」と数字に追われて、みんな深刻になっています。

社長が深刻になって面白がれていないので、社員さんだって当然、目標にワクワクしてないんです。高校野球でも、楽しめてないように感じます。勝たなければいけないとプレッシャーで深刻になっています。

深刻になればなるほど夢は逃げてしまう。

「目標（夢）」×「深刻」＝「叶わない」です。

奇跡が起きにくいチームや会社は、まず空気が重いんです。まったく喜んでないし、楽しめていない。その原因もシンプルで、トップが深刻になっちゃってるんです。

トップの心の状態が「空気感」（雰囲気）を作ります。

チーム作りは空気作り。人作りは空気作りなんです。

目標は深刻になるために持つのではなく、ワクワクするために持つんです。

そこをみんな間違っているんです。

面白くない「現実」があるのではなく、面白くない「視点」があるだけです。

現実は普通にしていたら、けっこう退屈なんです。

でも、そこにワクワクできる理由を自分で作り、また、自分で見つけていくのです。

その先で、どんな最高の未来が待っているか想像するのです。

これが「問題解決の予祝」の基本になるので、もう一例、松下幸之助さんの例でさらに深めてもらいます。

松下が、創業間もない頃。まだ電球が普及してなかった時代、つまらなそうに電球磨きをしている従業員に幸之助はこう言ったそう。

「君、ええ仕事しとるな〜」

従業員は、「えっ？　毎日、同じように電球を磨く退屈な仕事ですよ」と答えると、幸之助はこう返した。

「本読んで勉強している子どもらがおるやろ。そんな子どもらが、夜になって暗くなったら字が読めなくなって、勉強したいのにできなくなる。そこであんたの磨いた電球をつけるんや。そうしたら夜でも明るくなって子どもらは読みたい本を読んで勉強できるんやで。あんたの磨いているのは電球やない。子どもの夢を磨いてるんや。もの作りはものを作ったらあかん。その先にある笑顔を作るんやで」

これを言われた従業員は、自分の仕事に自信と誇りを持つようになったそうです。

どんな状況だって、ワクワクできる理由は、探せるし、作れるのです。

どんな状況でも面白がれる見方があるのです。
自分がどう思っているかが、あなたの世界。
いま、この瞬間から新しい世界が作れるのです。

相手の未来の可能性にワクワクするという予祝

部下や生徒、ご主人、奥様、子ども……あなたはいま、大切な人の未来にワクワクしていますか？

それとも、「こいつはダメだな～」と思ったりしていませんか？

実は、あなたがどう思っているかが、あなたの住む世界となります。

僕（大嶋）が、ある高校に研修に入ったとき、1人ふてくされていた子がいたんです。監督とコーチも、「もう彼はたぶん、今日、この研修のあと、やめると思う」と言っていました。

「いや、待ってください。そういう子こそがキーマンだって言いましたよね？」と伝えたんですが、監督もコーチも、さすがにあの子は……と言うのです。あの子は、最近の生活も授業態度も良くなくて、彼はムリだと思うと。

僕はキャプテンに連絡して、「いまからあいつに電話して、本気でいろいろ話してくれ」と頼みました。キャプテンは、「俺は、あいつはチームに必要だと思います」と言ってくれました。

「おまえがそう思ってるなら、あの子はこれからぜんぜん生き返るから、本気でその気持ちを伝えてくれ。おまえと一緒にやりたいって」

結局、キャプテンからの電話がきっかけで彼は立ち直り、チームを陰から支える、キーマンになってくれました。なんと、応援団長になってくれたのです。

そんな事例がたくさんあるんです。

だって、やる気がないのに、すぐにやめず、それまで野球部に残っていたってことは、ほんとうは、この仲間が好きだとか、自分が続けたい理由が必ずあるからなんです。

その子の、「ほんとうは、ここにいたい」っていう気持ちを、わかってあげてほしいなって思います。

信じてあげる人が1人いたら、人は必ず変われます。

可能性のない人なんていない。
ダメな人なんていないんです。
周りの人のその人に対する見方がダメなだけなんです。
その見方が、相手をダメにしてしまうのです。

僕は監督に、「今年のチームはどうですか？」と聞くんですが、「今年はちょっと厳しいな」と言ったら、もう確実に厳しくなります。だから、「監督が思ったとおりになります」ということを監督に話します。監督が「この選手はムリだ」と思ったら、その選手は伸びなくなると。

でも、伸びていなかった選手でも、この選手は伸びるっていう監督の思い込みが変われば選手は伸びるので、「2～3カ月、こいつは伸びると思い込んで声かけてみてください」って言うんです。おまえはぜったい伸びるって。

すると、ほんとうに面白いくらい伸びていくんですよ。びっくりするくらい伸びていきます。

これは、親にも経営者にも、誰にでも言えることです。

相手の未来の可能性を信じる。

相手の未来の可能性にワクワクする。

これこそ、人を伸ばす最高の予祝です。


うちの長男にも実験してみたことがあるんです。

長男は、中学2年までは、運動もできなくて、体育も3で足も遅かったんです。そこで、実験してみたんです。

「テレビに出るような、すごい占い師に会ってきて、おまえを見てもらった。そうしたら、すごいことがわかったぞ。おまえは中学3年の秋くらいから足が速くなり、冬くらいから成績が急激に伸びるって言ってた。おまえは大器晩成型らしいぞ」と。

その1年後、実は、僕はそう言ったことを忘れてまして（笑）、でも息子は覚えていたんです。

「お父さん、ほんとうに占い師さんの言うとおりになったよ」と。

なんと、息子は中3から成績がほんとうに急上昇しました。さらに足も速くなり、三重県桑名市で優勝。市内で一番足が速くなり、県でもベスト8に入りました。

あらためて、思い込むってすごいって思いました。そして、可能性を伸ばすっていうのは、やっぱり周りの人の信じる力が大きいんだということもわかりました。

「アイツはダメだ」という見方をするのか、「おまえは大器晩成だ」という見方をするかで、人の可能性はまったく変わってしまう。

予祝も、周りの人がどのくらい、その宣言を信じてくれているかってことも、とても大きいのです。

自分以上に自分を信じてくれる人がいたら確実に変わります。

あなたが、相手の可能性を信じているとき、相手の可能性にワクワクしているとき、あなたの存在こそが、相手にとっての最高の予祝になるのです。

予祝で、ピンチは「楽しい！」に変わる

予祝を取り入れた、岩手県の釜石商工高等学校の久保田達也監督が、興奮してこんな報告をしにきてくれました。

青森山田高等学校という青森県の強豪校と試合をする際に、予祝をしたのだそう。どんな予祝をしたかというと、どんなふうに勝つか、チーム皆で先にスコアボードに点を書いたのだそう。

「どんなスコアが面白いかな？　最初は負けてたほうが盛り上がるよね？」
「じゃあ4点くらい、いきなり取られる展開がいいんじゃない？」
「たしかにピンチがないと盛り上がらないよね。それで、最後9回で逆転勝利といこう」
「いいね！　いいね！」

こんな感じで、皆で盛り上がりながら、どんなふうに青森のチャンピオンに勝つか、先

にスコアボードの得点を決めて予祝をしたのだそう。

すると、実際の試合、いきなり4点取られたんです（笑）。

普通、甲子園常連校相手にいきなり4点取られたら、「さすが強豪！　手が出る相手ではなかった」とチームは意気消沈するものです。しかし、このときは違った。

「キタ！　キタ！　キターーー！　予祝どおり！」と、4点取られてるにもかかわらず、チームはめちゃめちゃ盛り上がったそうです（笑）。

「面白くなってきた」「想定どおり」「ここから行くぜ」と選手たちは、負けてるにもかかわらず、ワクワクしてるんです。深刻にならずにむしろ面白がって、ほんとうに逆転勝ちしちゃったというのです。

先に困難（ピンチ）を想定する。

すると、盛り上がれるってことです。

ピンチさえも込みで予祝をしたら、全部を楽しむことだってできるのです。

ひすいの知り合いの、いんやくりお君。彼は心臓と肺に重い疾病を抱えて生まれてきてこれまで30回以上、入退院を繰り返してきました。お母さんは、そんな、りお君の言葉を3歳の頃から記していて、それをまとめたのが、『自分をえらんで生まれてきたよ』（サンマーク出版）という本です。

そのなかで、りお君は難病で生まれてきた理由をこう言っているのです。

「病気で生まれてきたから、ぼくはいろいろな体験ができる。ママもいろいろな体験ができる。だからママは喜んでいいよ」

喘息《ぜんそく》になったときにはこう言ったそうです。

「ママ、僕が喘息になったのは、喘息を治すのが面白いからだよ」

りお君の背負う困難は、僕たちの想像を超えています。それでも面白いと言える彼の言葉は、僕たちに面白さの本質を教えてくれます。

思いどおりにいかないからこそ、面白いのです。

起こる問題のすべてに
あなたへのギフトが隠されている

成功している華僑の人たちを研究した小方功さんの著書『華僑　大資産家の成功法則』（実業之日本社）には「成功者に法則はなく、失敗者のみに法則がある」と書かれています。

その人にあったやり方があるので、人の数だけ成功法則はあるが、失敗する人のみに、共通する法則があると。

失敗する人の共通点、それは問題を人のせいにする習慣だと。

失敗する人は、「社長が悪い」「立地が悪い」「従業員が悪い」、あげくの果てには「時代が悪い」などと、必ずなにかのせいにしているのだと言います。

つまり、誰かのせい、なにかのせいという、言い訳をしなくなった瞬間に、あなたの人生から失敗はこつぜんと消え去るということです。

ここで、恐妻家ひすいこたろうから、1つ言わせてください。
僕は、妻を変えようとして6年間ケンカをし続けましたが、妻は変わりませんでした。
相手が悪いってことは、いくらでもあると思います。しかし、そう思ってるかぎり、相手を責め続けることになり、責められて変わった人など、この世界に1人もいないんです。

なぜなら、どんな人も、「自分は正しい」と思っているからです。

あなただって責められたら、心では「はい、はい」とうなずきながらも、本心はその人が大嫌いなままだと思うんです。

誰かのせいにしてる時点で、自分は、誰かによって、脅《おびや》かされる弱い存在だということを受け入れてしまっているのです。
それは、自分の人生を誰かに明け渡していることになり、他人に軸を置いた生き方になってしまっている。

でも、「この問題を自分が成長するためのジャンプ台にしよう」と思えたときに、自分はこの問題を解決できる力があると認めたことになります。これが自分軸の生き方です。軸が他人にあるか、自分にあるか、この差は大きいのです。

僕らは、誰かを責めるために生まれてきたわけじゃないんです。愛を深めるために生まれてきたんです。

すべての問題は、真正面から向き合ったら、100%、あなたの愛を深めてくれます。

ひすいのデビュー作を「ありがちじゃない？」とけなし、僕の本がアマゾンで総合1位になったときに「あんたが何位になろうが家庭じゃ最下位でしょ！」と、けなした、あの鬼嫁（笑）が、なんと結婚21年目にして優しくなったんです。

僕の本は、普段、本を読まない人でも、「ひすいさんの本なら読める」とお褒めいただくことが多いんです。でも、どうして僕は、本を読まない人にも伝わる書き方をこれほど磨いてきたのかに思いをはせたときに、ふと気づいたんです。

そうか、僕は、普段、本を読まないカミさんにも伝わるように文章力を磨いてきたんだって。

僕の無意識の想定読者はいつもカミさんだったんです。

だからこそ、わかりやすく伝える技術が磨かれ、ベストセラーを出すことができたんです。ひすいこたろうを生んだのはカミさんでした。そこに気づいたとき、カミさんに対して、心から感謝の想いが湧き上がりました。僕にとっては価値観の真逆なカミさんこそギフトだったんです。

価値観が違うことで、かつては悩んでいました。しかし結婚して21年、いまは価値観が違うことに涙が出るくらい感謝できます。

そして、カミさんへの感謝の想いがあふれたとき、なんとカミさんが豹変《ひょうへん》したんです！

締切前になると、僕はフケが増え、執筆中にいきなり後ろから首もとに掃除機をかけられるなんてことがあった僕ですが（笑）、ある日、カミさんがこう言ったんです。

「あんた、今日はすごくフケが多いわね。
私がシャンプーしてあげようか？」

以来、毎日カミさんが僕のシャンプーをしてくれているんです。もう1年近くも毎日。感謝あるところ、あらゆる敵は味方に変わるようです。

カミさんはカミサマになりました。

相手が悪いと相手を責め、変えようとしている間は仲が悪くなる一方でした。しかし、この問題の原因である「価値観の違い」には、ギフトが隠れていたんです。

そのギフトに気づいたとき、感謝があふれ、問題は問題じゃなくなりました。すると相手が変わったのです。

思いどおりにいかない相手や問題は、あなたの愛をさらに深め、あなたの存在を飛躍させてくれるギフトなのです。

「敵」こそが、あなたを「素敵」にしてくれる存在だってことです。感謝合掌。

自分が間違っていたと気づくとき、奇跡の扉がひらく

僕（大嶋）は、ある講演でこんな話をさせてもらいました。

ある先生が小学校5年生の担任になりました。クラスの生徒のなかに、勉強ができなくて、服装もだらしない不潔な生徒がいました。当然先生は、その生徒の通知表に悪いことばかり記入していました。

あるとき先生は、この生徒の過去の通知表を見ます。

1年生だった頃の通知表には、「明るくて、友達好き、人にも親切。勉強も良くできる」と書いてあったのです。驚いた先生は、ほかの通知表も見てみました。

「母親が病気になったために世話をしなければならず、ときどき遅刻する」（2年生）

「母親が死亡、毎日、悲しんでいる」（3年生）

「父親が悲しみのあまり、アルコール依存症になる。暴力を振るう」（4年生）

そう書かれていました。

先生は、それまでダメな子だと決めつけていた自分に気づき、放課後、その子を呼んで一緒に勉強することにしたのです。

その子は喜んで、毎日一緒に勉強するようになりました。

6年生となり、その子は先生のクラスではなくなりましたが、卒業式のときに、こんなメッセージカードを受け取りました。

「先生は、ぼくのお母さんのような人です。ありがとうございました」

その後も、数年ごとに、その子から先生あてに手紙が届きました。

「先生のおかげで大学の医学部に受かって、奨学金をもらって勉強しています」

「医者になれたので、患者さんの悲しみを癒せるようにがんばります」

そして先日、届いた手紙は結婚式の招待状でした。

そこにはひと言、こう書かれていました。

「母の席に座ってください」

この話は、雑誌『致知』（２００７年12月号、鈴木秀子、致知出版社）よりまとめさせていただきました。

僕（大嶋）は、講演会でこの話をさせていただくことがあります。この話を涙とともに聞かれていたのが、興石重弘《こしいししげひろ》監督です。

興石監督は31年間、甲子園出場を夢に見て、がんばってこられていた。しかし、一度も甲子園出場を果たしたことはなかったのです。それは選手が変わる必要があると思っていた31年間だったそう。でも、このとき、興石監督は深く気づかれたそうです。

「自分が選手を信じる気持ちが足りなかっただけなんだ。選手に『なんでおまえはできないいんだ⁉　変われ、変われ！』と迫ってきたけど、一番変わらなきゃいけなかったのは自分だったんだ」

自分が選手を信じる気持ちが足りていなかった。選手の可能性を見てあげられていなかった。間違っていたのは自分だったと気づいた輿石監督は、次の日に選手全員を集めて、生徒たちに謝ったそうです。

「みんなのフタをしているのは俺だった！」

「いままで口グセのように『なんでおまえら変われないいんだ』と生徒たちに言っていました。まず、そのことを謝りました。変わらなきゃいけないのは俺だったと。自然と涙が出てきました。生徒たちに謝った瞬間、もう生徒たちも泣いていました。やっぱりこれでいいんだなって、その瞬間にわかりました。それから子どもたちがどんどんはじけていって、自分のフタがどんどん取れて、朝礼なんかも、生徒たちが『僕ら自分らで考えます』と言って、チームの空気が見事に変わりました」

トップの立場の人が、自分から謝るって、なかなかできることじゃありません。

気持ちを新たにした輿石監督は、新天地、秋田の明桜高校で、選手1人ひとりへの「感謝の予祝レター」を書き、そこに、甲子園出場に向けての未来を先取りした1文を添えました。

「○○（選手の名前）

投手のリード、肩、打撃、素晴らしい成長でした。（まずこのように選手1人ひとりの素晴らしい成長をたたえ）

あの右中間3塁打は完璧《かんぺき》でした。（未来において、こんな活躍をしてくれたから甲子園に行けたという予祝の1文を入れ）

優勝は○○の成長のたまものです。（1人ひとりに感謝を伝え）

おめでとう（最後は、おめでとうで締めます）」

このように、選手1人ひとりの素晴らしいところを言葉にして、感謝の思いを伝えるなかで、未来を先取りした前祝いの1文も添えたのです。

すると、なんと、奇跡が起きたのです。

その未来の先取りが7割近くもそのまま実現し、32年目にして、秋田明桜高校の監督として、悲願の甲子園出場を果たせたのです。

輿石監督はこう言っています。

「正しいことをやってきた。
でも、正しいより楽しいだって気づいた。
正しいことを楽しむに変わったとき、チームが変わった」

予祝の7割近くがほんとうとなった秋田明桜高校・輿石監督の「感謝の予祝レター」

秋田の輿石監督は、先ほどお伝えしたように選手1人ひとりの素晴らしいところを言葉にしたうえで、「あの先制3ランは震えました。またメンタルリーダーとしてチームを支えて、素晴らしい活躍でした。おめでとう」などと、選手全員に未来を先取りした前祝いの1文も添え、それを映像にしたものを夏の大会前に皆で見たのです。

輿石監督の選手1人ひとりへの、あふれる感謝の思いで、完全にチームが1つになりました。このときの未来の先取りは、7割近くもそのまま現実になったというから驚きです。

チームが1つになるとき、心に描いたヴィジョンは、現実になるのです。

選手全員への感謝の予祝メッセージのあとには、監督のこれまでの思い、みんなへの思いを綴《つづ》りました。監督の思い、一部、要約させていただきました。これはまさに生徒たちへのラブレターです。

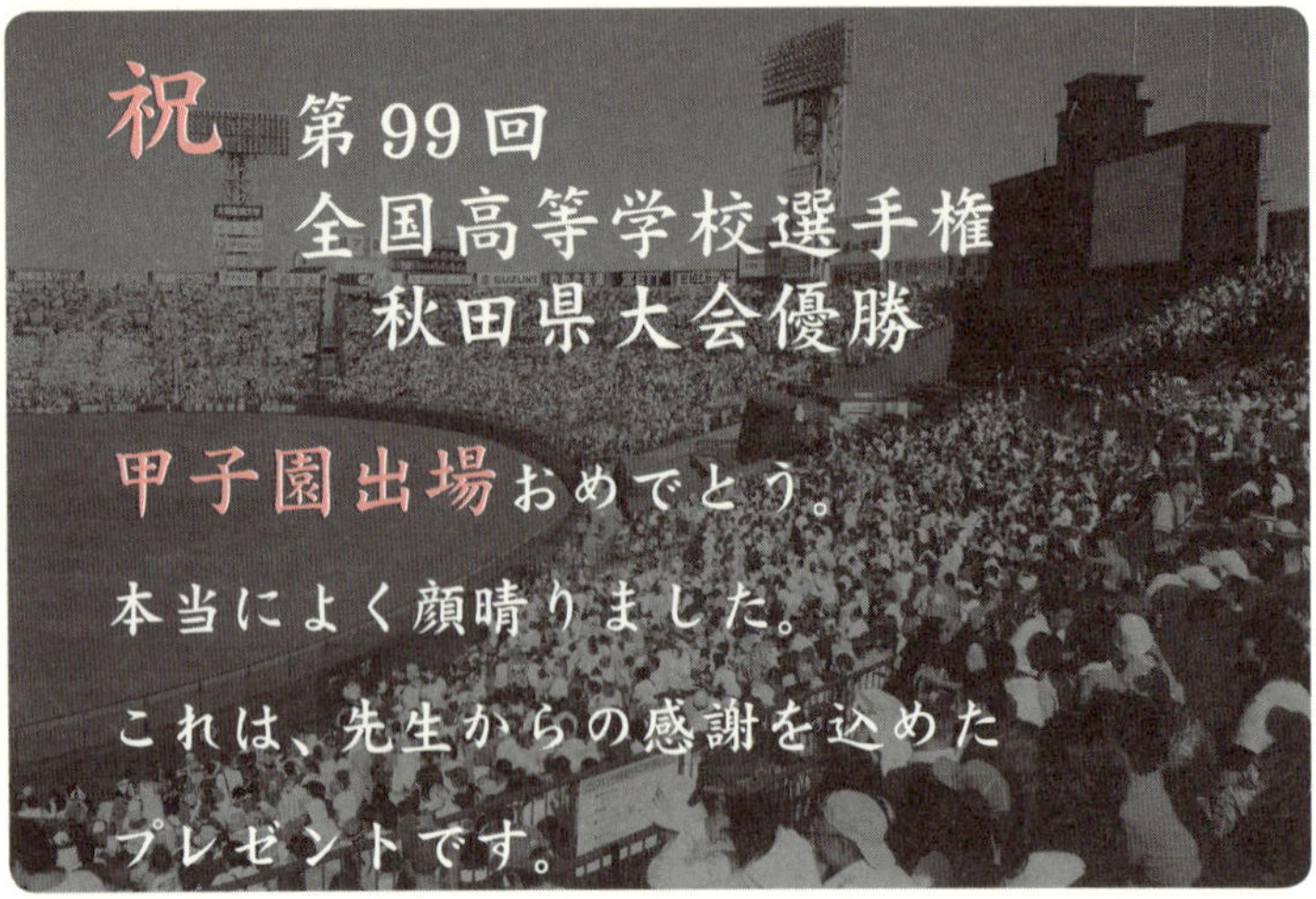
祝
第99回
全国高等学校選手権
秋田県大会優勝
甲子園出場おめでとう。
本当によく頑晴りました。
これは、先生からの感謝を込めた
プレゼントです。

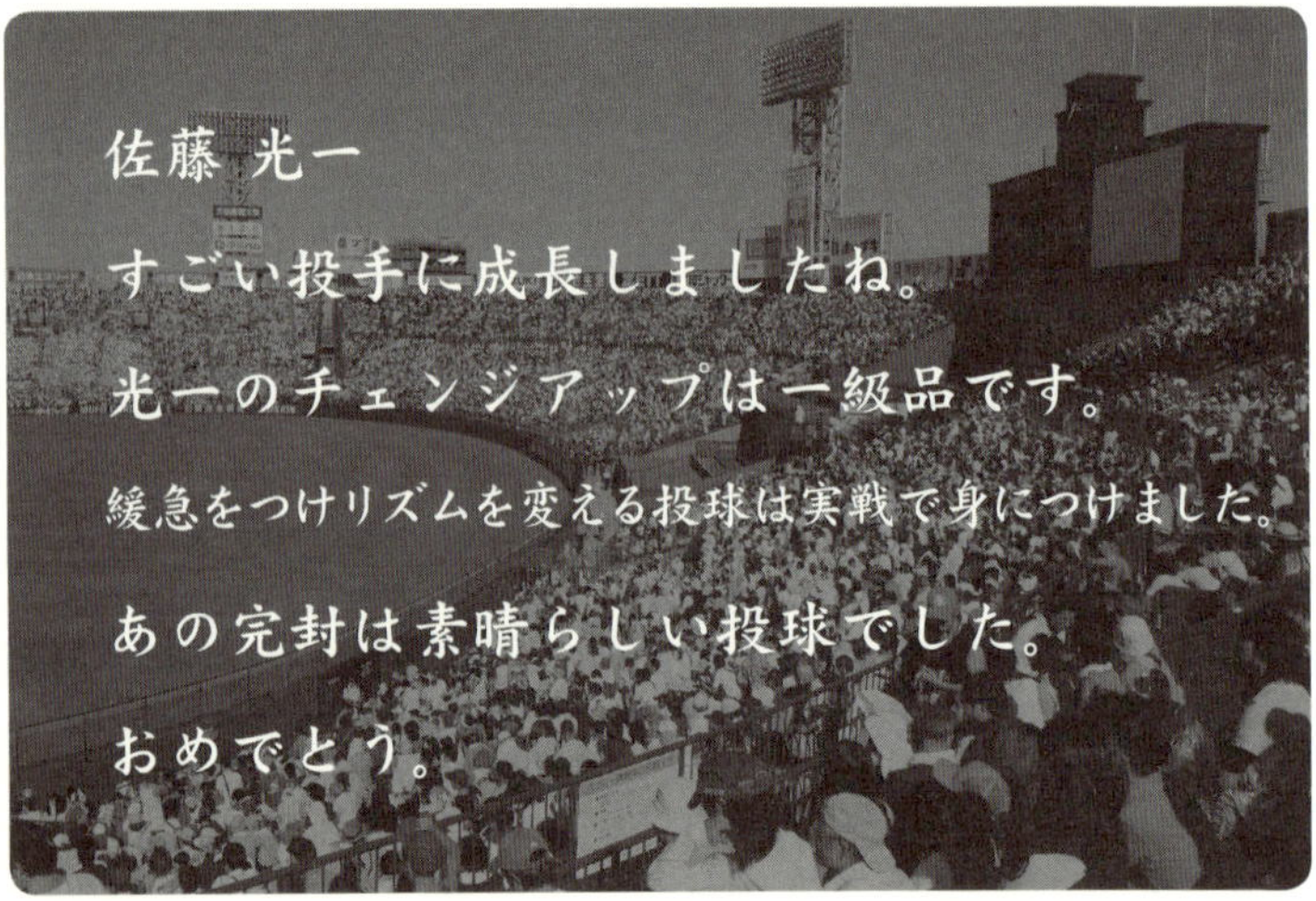
佐藤 光一
すごい投手に成長しましたね。
光一のチェンジアップは一級品です。
緩急をつけリズムを変える投球は実戦で身につけました。
あの完封は素晴らしい投球でした。
おめでとう。

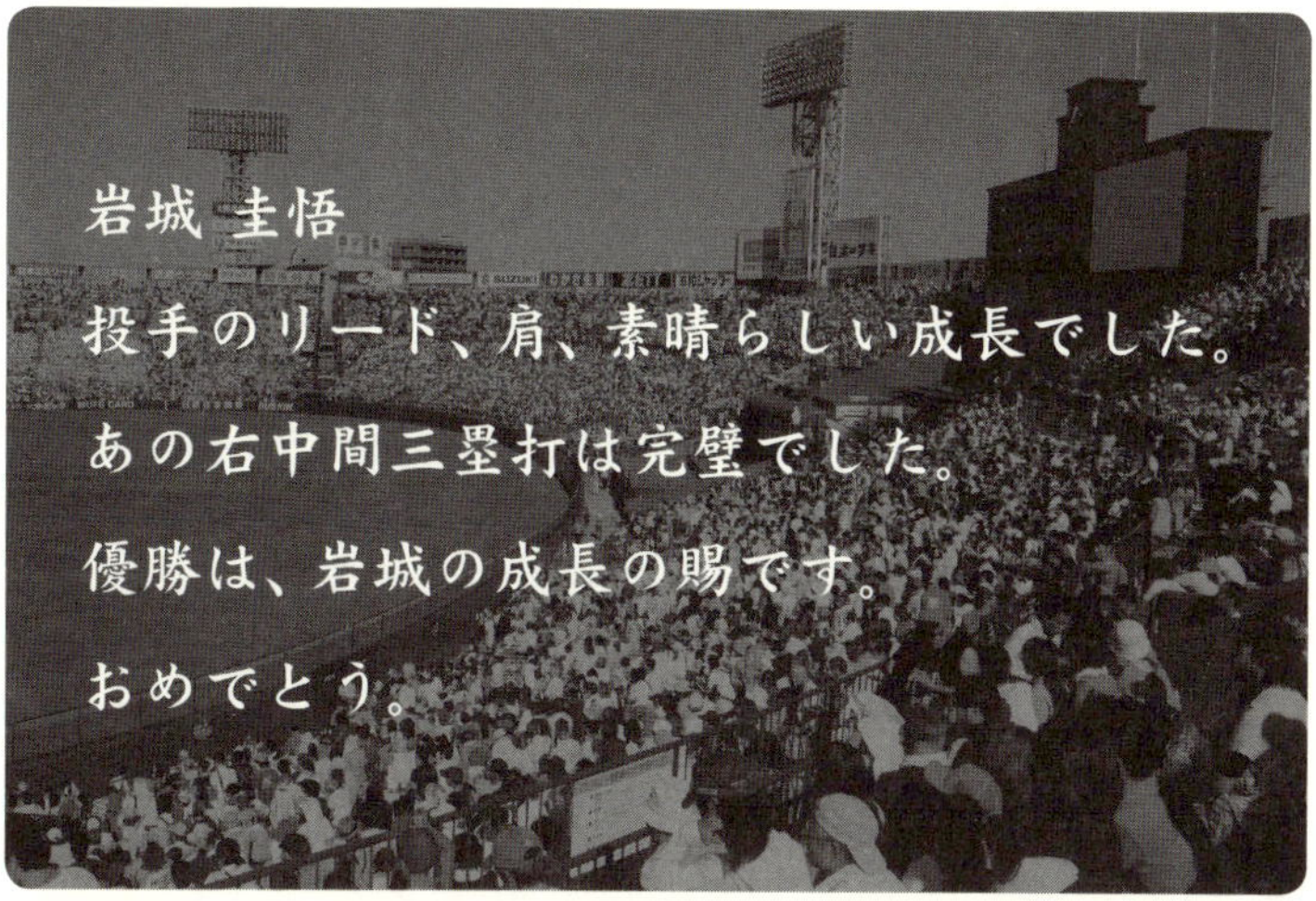
岩城 圭悟
投手のリード、肩、素晴らしい成長でした。
あの右中間三塁打は完璧でした。
優勝は、岩城の成長の賜です。
おめでとう。

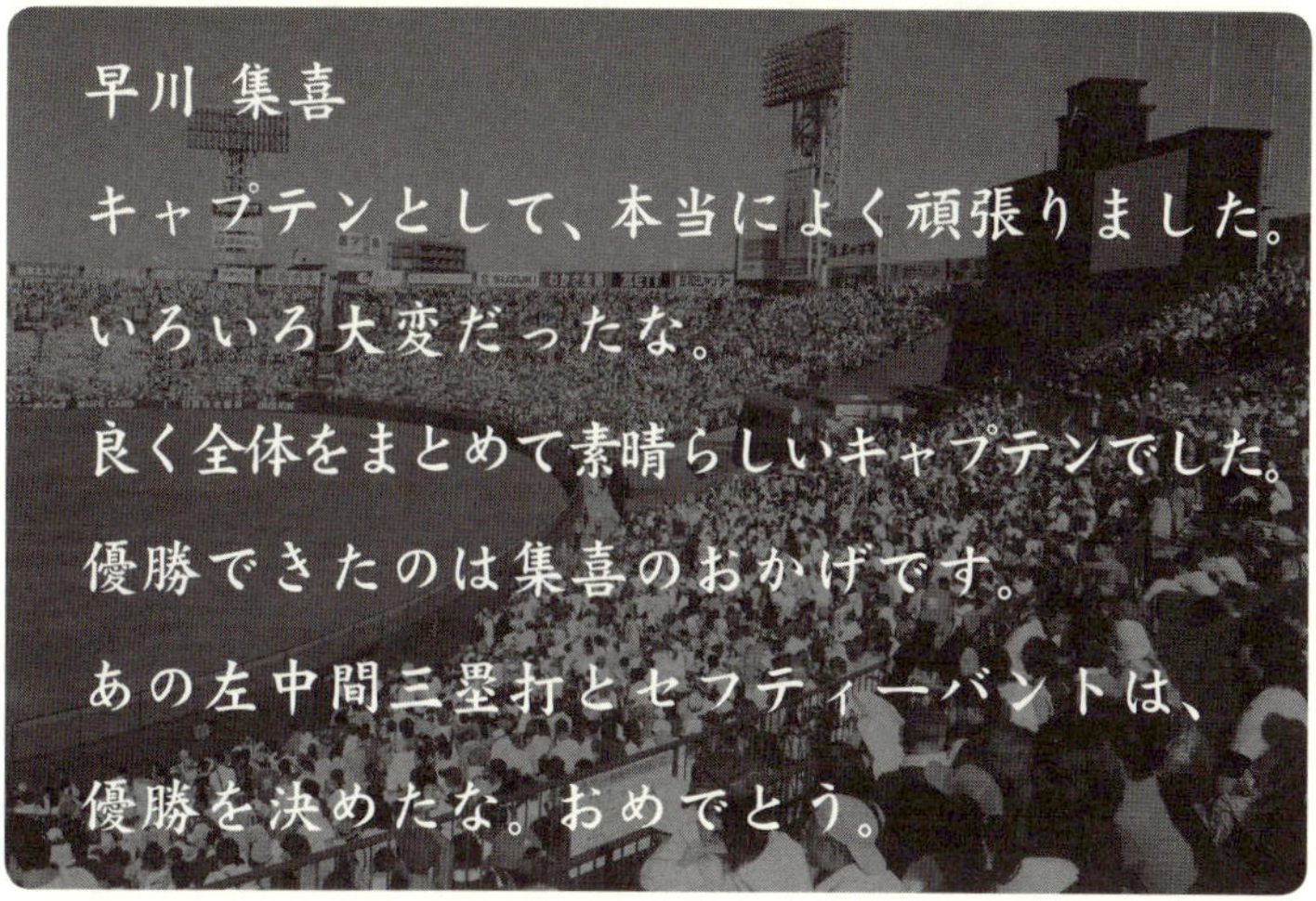
早川 集喜
キャプテンとして、本当によく頑張りました。
いろいろ大変だったな。
良く全体をまとめて素晴らしいキャプテンでした。
優勝できたのは集喜のおかげです。
あの左中間三塁打とセフティーバントは、
優勝を決めたな。おめでとう。

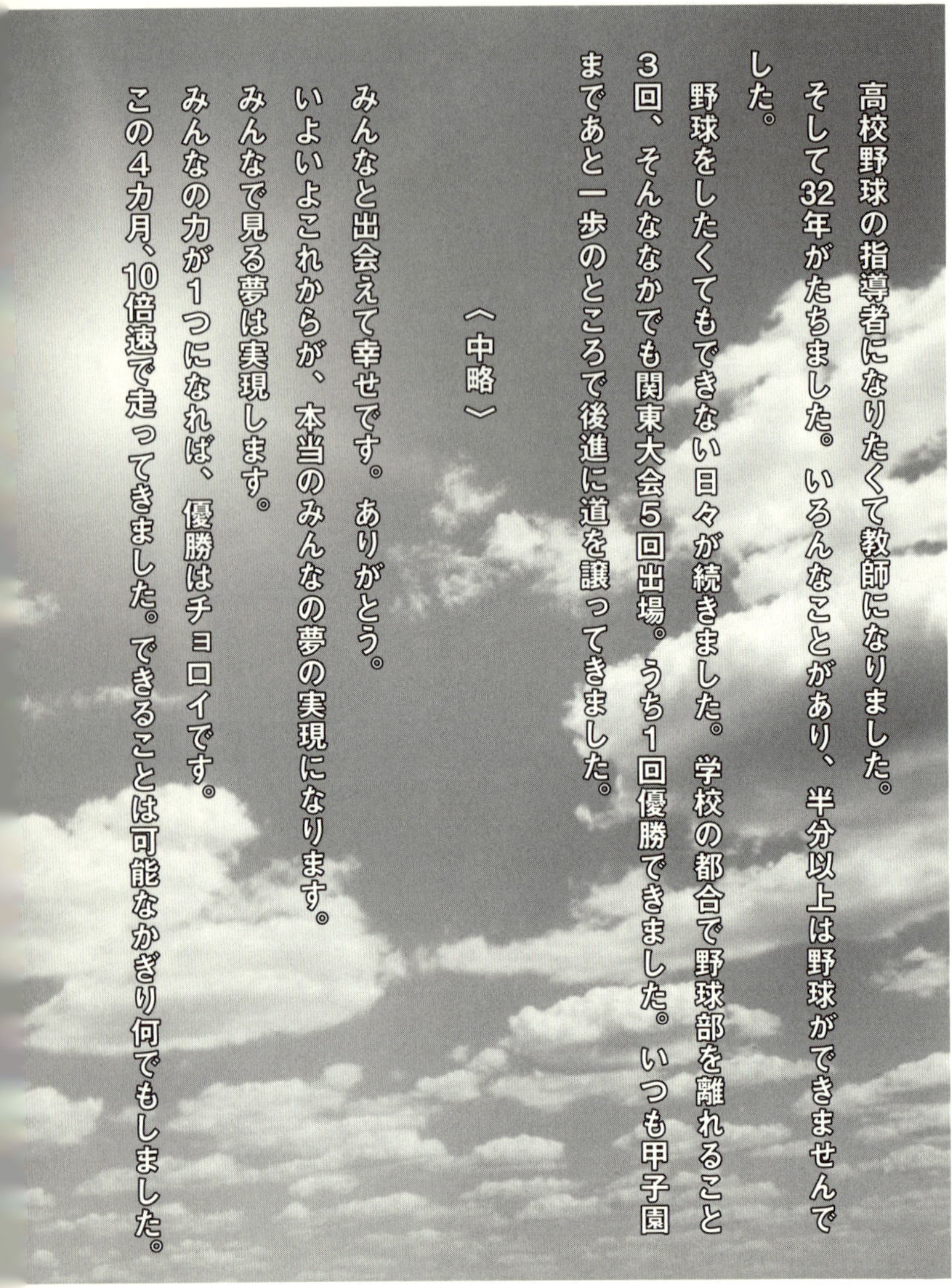

高校野球の指導者になりたくて教師になりました。

そして32年がたちました。いろんなことがあり、半分以上は野球ができませんでした。

野球をしたくてもできない日々が続きました。学校の都合で野球部を離れること3回、そんななかでも関東大会5回出場。うち1回優勝できました。いつも甲子園まであと一歩のところで後進に道を譲ってきました。

〈中略〉

みんなと出会えて幸せです。ありがとう。

いよいよこれからが、本当のみんなの夢の実現になります。

みんなで見る夢は実現します。

みんなの力が1つになれば、優勝はチョロイです。

この4カ月、10倍速で走ってきました。できることは可能なかぎり何でもしました。

人は一瞬で変われる。
子どもの可能性は無限大だ……。みんなの力を信じています。
みんなよくついてきてくれた。ほんとうによく顔晴りました。
みんなすごいです。俺はお前たちの力を信じています。
本気で取り組んできたお前たちが大好きです。
これから夏の大会が始まります。
苦しいときに思い出してほしい。
仲間の力を。この不思議な力を……。
みんなの可能性は無限大です。
やればできる。必ずできる。
出会ってくれてありがとう。
みんなの力で全国制覇しよう。
ありがとう。
輿石重弘

WORK

ピンチ♪ピンチ♪チャンス♪チャンス♪ランランラン♪
ピンチをチャンスに変える

【予祝マンダラシート】

問題の背後に隠れたギフト（チャンス）を見いだし、問題にワクワクできたら、その瞬間にワクワクの未来（時空）へつながります。

ではどうすれば、問題にワクワクできるのか？

カンタンです。この「問い」を自分に向けてみることです。

「この問題を見事にクリアしたとき、どんな素敵な自分になれているだろうか？」

人は悩むときに、深刻になるのが普通です。しかし、これらの問いを自分に向けることで、意識の焦点（方向性）がマイナスからプラスに転じるのです。

問題を予祝するときの「マンダラシート」を153ページに作りましたので、ぜひこの

8つの質問に答えてみてください（マンダラシートは拡大コピーしてお使いください）。

あなたのいまの悩み、問題だと思うことを真ん中に書き込もう。

そして、❶から順に問いの答えを書き込んでいこう。

❶この問題を通してあなたが不安に思ってることは？
（不安に思ってることも書き出すことで、悩みを客観視できます。客観視できると、客観視する前に比べて、自然に問題は小さくなっています。問題は見ないから怖いままなんです。自分がなにを恐れてるのかわかれば怖さは薄れます）

❷これはなんのチャンスでしょうか？

❸ほんとうはどうしたいですか？　この問題がどうなったら最高ですか？　最高のラストシーンを想像してみよう。

❹この問題を通して、あなたはどんな成長を果たしそうですか？

❺この問題を見事にクリアしたとき、どんな素敵な自分になれているでしょうか？

❻この問題を乗り越えたとき、誰がどんなふうに喜んでいますか？
❼いまのあなたは、この問題に対してどんなアクションが起こせそう？　どんな小さなことでもいいので書き出そう。
❽この問題を見事に解決したとき、うれしくて、思わずあなたがやってしまいたいことはなに？
（「温泉に行く」なら、いますぐ温泉へ行って、問題が解決したときの喜びを想像しながらゆったり温泉に浸かってください）

最後に、この問題に「タイトル」をつけます。
問題を乗り越える過程で、あなたが成長するこの物語がドラマ化されるとしたら、どんなタイトルをつけますか？

これらを1人でシートに書き込んでもいいのですが、予祝インタビューのように、❶～❽の質問を仲間とインタビューし合い、このシートやノートに書き込んでいくといいです。
仲間とやると、問題解決も楽しくなります。

[タイトル]

❻	❸	❼
❷	[問題]	❹
❺	❶	❽

「すべての悩みはあなたの愛を深めるためにに起きている
すべての問題はあなたを飛躍させるためにに起きている」

《大嶋啓介の事例》

問題 やる気のない社員、何度言っても
わかってくれない社員がいて困っている。

❶この問題を通してあなたが不安に思っていることは？

自分は彼をやる気にさせることができるだろうか。彼のいいところが見えない。辞めさせたほうがいいのではないか。

❷これはなんのチャンスでしょうか？

やる気のない人でも、やる気を引き出せるようになる、学びのチャンス。

❸ほんとうはどうしたいですか？　この問題がどうなったら最高ですか？　最高のラストシーンを想像してみよう。

やる気のなかったその子が一番やる気を出して、リーダーシップを発揮し、ついにはスーパー店長になる。

❹この問題を通して、あなたはどんな成長を果たしそうですか？

チーム作りがまだできてないことに気づき、どんな人でもやる気にさせるリーダーに導けるような成長を果たす。そして、スタッフみんなが輝いてる店になっている。

❺この問題を見事にクリアしたとき、どんな素敵な自分になれているでしょうか？

どんな人でもやる気にさせるリーダーになっている。やる気のなかった彼と寿司屋で大トロ3貫を一気食いして笑い合っている。

❻この問題を乗り越えたとき、誰がどんなふうに喜んでいますか？

彼の両親から「あの子がすごい変わった」と感謝の手紙をもらっている。お客様にも「お店の空気が変わったね」と喜んでもらっている。

チーム全員が、「やっぱり人は変われるんだ」と希望を持っている。

❼いまのあなたは、この問題に対してどんなアクションが起こせそう？　どんな小さなことでもいいので書き出そう。

彼の未来をワクワク想像し、寿司屋に連れて行き、大トロ3貫を一気食いして笑い合いながら食べる。そして、彼のこれまでの人生や悩みを聞く。

❽この問題を見事に解決したとき、うれしくて、おもわずあなたがやってしまいたいことはなに？

この体験を通して気づいた、どんな人でも変われるんだというメッセージをブログや本に書き、多くの人に希望を届ける。

最後に、この問題に「タイトル」をつけます。

「もっともやる気のなかった○○がスーパー店長になる物語」

実は、この彼は後に、ほんとうにスーパー店長になったのです。

ちなみに僕は、悩んでるスタッフをお寿司屋さんへ連れて行くときは、〝大トロ3貫一気食い〟なるものを必ず一緒にします（笑）。普通に食べるよりも楽しいし、相手もワクワクしてくれるからです。

スタッフの悩みを聞くときだって、基準はワクワクなんです。

WORK

逆境を乗り越えた未来の自分から、いま直面する問題を予祝する

【未来レター】

10年後の未来の自分から毎年、社員へ感謝の予祝の手紙を書いている大嶋の友人、勝山昭という、ぶっ飛んだ男なんですが、彼は苦しい時期がありながらも、すごいスピードで店を100店舗にまで成長させました。

その成長の1つに、予祝の力があったのです。

彼は、予祝の手紙を書いて、映像スライドにして、年に一度のパーティで全社員の前で流しています。

問題のない企業はないわけですから、現在の問題や逆境を、それを乗り越えた10年後の未来から振り返って、毎年、予祝の手紙を書くのです。

いま直面しているその逆境こそが、転機になって会社が発展したというストーリーを描くのです。

つまり、「現在のピンチ」（壁）が「未来のチャンス」（扉）になっていることを、10年後の未来から手紙で伝えるのです。

これは、２０１５年に社員全員が集まるパーティで、実際に流された「未来レター」ですが、一部編集してお届けさせてもらいます。
10年後の２０２５年の未来の自分から、２０１５年の社員へ手紙を出すという設定です。

２０１５年　第12期経営計画発表会に参加している親愛なる皆様へ。

ＨＥＬＬＯ！
２０２５年の私は今、先月にオープンしたばかりの、アメリカでは4軒目となるワイキキ店のビーチ前テラス席で皆様に手紙を書いています。
なぜ、ハワイにいるかというと、
あれやん！　アレ！

昨日は皆の念願であった「設立20周年＆世界７００店舗達成」の革命祝賀会パーティがハワイのアラモアナセンターで行われました。

世界中から集まった仲間との数日間は私にとっては、このうえなく幸せな時間でした。

創業から20年間走り続けてきて正直いろいろな苦労もありました。

そんな幸せな余韻に浸りながら「いつ」が我々にとっての転機だったかを思い返していました。

今から思えば、最大の転機は、10年前、つまり皆さんが今いらっしゃる2015年でした。

この10年、本当に山あり谷あり、決して平坦な道ではありませんでした。


〈中略〉


あのメンバーでとてつもない大きなことを成し遂げたことは、いまでも脳裏に焼き付いて一生忘れることのない想い出です。

当時のメンバーには感謝の言葉しかありません。

〈中略〉

日本での成功、世界にも挑戦できたのは、
間違いなく、皆さんがこの会社の未来を信じ、
自分の可能性を信じ、全力で走りつづけてきてくれたからです。

そして大事なことは今日の成功に満足せず、
皆が新たな価値を創りつづけ、挑戦をし続けることです。
それだけは忘れないでください。

現在、直面する問題を転機にして、未来はどう成長したのか？　そのストーリーを未来の自分から、現在の社員へ手紙で伝えるというこの設定。発想がとっても面白いですよね。

ぜひ、あなたもいま直面している問題やトラブルを解決した未来の自分から、手紙を書いてみましょう。

第5章

奇跡が起きる人、起きない人の違いはなにか？

満点は星空だけでいい
3点の自分を楽しめたら
それこそ100点だ

引き寄せの法則、結果が出る人、出ない人

夢を明確にするだけでは、実は夢は叶いません。

たとえば、カーナビで「行き先」を指定しただけではそこに着けません。

もう1つ、「現在地」も入力する必要があります。

では、あなたの人生において、「現在地」とはなんでしょうか？

「現在地」とは、あなたが現在、ありのままに感じてること、そのすべてです。

つまり、自分が感じてることを否定せず、いま、そう感じてるんだなとありのままに受け入れ、認めることができたら、「現在地」が定まるのです。

たとえば、寂しいとき「あっ、私はいま寂しいんだな」とそのまま認めれば、現在地は明確になるのに「寂しい私はダメだ」とジャッジし、否定するので「現在地」がブレてし

まうのです。

自分が感じてることを、そのまま素直に認めてあげればいいんです。

いままでにいろんな成功法則や引き寄せの法則が流行りましたが、結果が出る人と出ない人がいます。「その違いはなんだろう?」と研究した友人がいます。

さて、なにが違ったのでしょうか?

それは自分を好きかどうか、自分を受け入れているかどうかでした。

つまり、「現在地」が定まっているかどうかだったのです。

まさに、この方程式と一緒です。

「未来」=「心」(あなたのいまの心の状態)×「行動」

自分を嫌っているということは、「自分の心の状態」がマイナスなわけですから、どんなメソッドや行動を取り入れても、未来がなかなかプラスに反転しないのです。

また、「やりたい」ではなく、「やらなければいけない」と嫌々やっているときも、心の状態がマイナスですから、奇跡は起きにくいわけです。

そして、この心の状態が最高の状態はなにかというと、心から面白がれているときや、また、感謝があふれているときなのです。感謝のエネルギーが一番高く、感謝までいけば奇跡は頻発します。

とはいえ感謝は、頭でするものではなく、心からあふれるものです。

だから、どんなに言葉を尽くしても、誰かに感謝することはできません。

しかし、感謝があふれやすい環境は作れるんです。

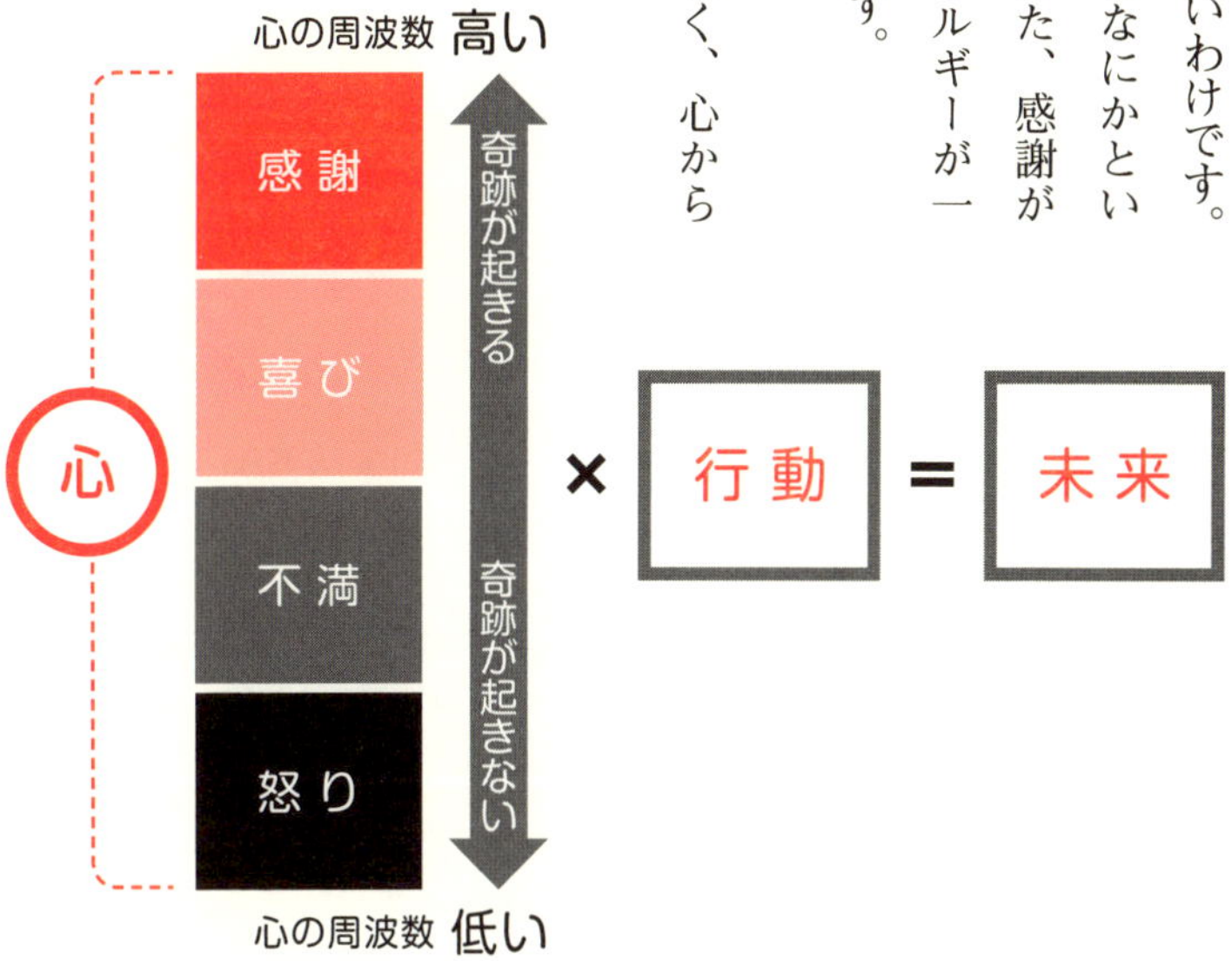

そこで、この章では、どのように心の状態をプラスに保つのか、自分を受け入れる「自己受容」の方法と、「感謝」があふれやすい環境の作り方、そして、そのための「習慣」について迫ろうと思います。

「喜び（予祝）」と「自己受容」と「感謝」。

この3つのサイクルが循環することが最高の状態です（下図参照）。

そのために、「心」と「言葉」と「行動」がプラスに転じるような「習慣」を作っていくことが大切です。

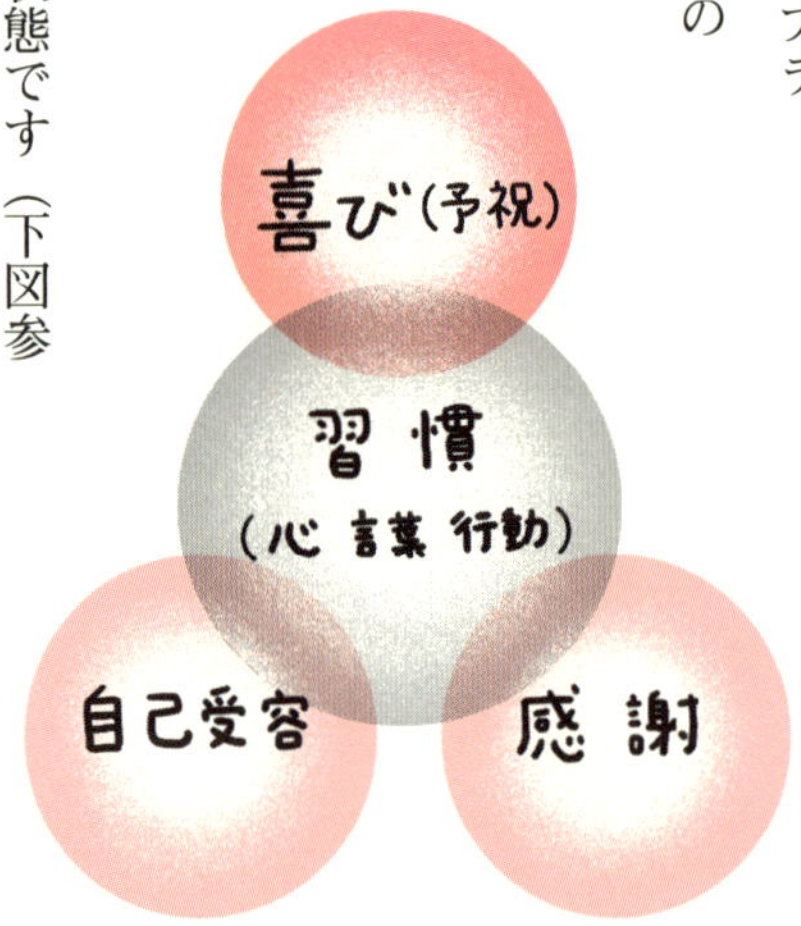

自己受容「満点は星空だけでいい」

心の状態がマイナスになる最大の原因、その犯人は自分です。
なんであんなことを言ってしまったんだろう、なんで自分はいつもこうなんだろう、こんな自分はダメだ、などと、多くの人は、無意識にも自分を責めています。自分にバツを出しているのです。

それがわかったら、これから、自分を責めたり、落ち込んだり、悲しんだり、不安になったり、恐れていることに気づいたら、そんな自分をよく観察してください。
そして、否定せずに、ただただ、「いま不安なんだね、よしよし。いま、怒ってるんだね、よしよし」と、自分の感情を否定せず、自分のネガティブな感情に寄り添ってあげてみてください。

嫌な感情をジャッジせず、ありのままに数分でいいのでじっと感じ

てみるんです。

すると、ふっとモヤモヤした感じから抜けられます。マイナスに落ち込んでいた感情が、ゼロに戻るのです。この瞬間、あなたの心の状態（周波数）はマイナスから抜けています。

季節に春夏秋冬があるように、そしてそれが豊かさであるように、感情にも喜怒哀楽があって、それが豊かさであり、生きるということです。

だから、当然、モヤモヤすることだってありますので、そんな自分をゆるしてあげてほしいのです。

「こんな自分もかわいい。よしよし」と言えたら、マイナスはゼロに戻れます。

ここで、ひすいの中3の息子の話をさせてください。

うちの息子は、受験が迫るなかで英語で0点を取ってきたんです。さすがに0点の答案を初めて見た僕は「とうちゃん、0点初めて見たよ」と伝えると、息子がこう言って笑ったんです。

「自信あったんだけどね～」

0点って普通、自信ないはずなんです！（笑）

このように息子は勉強はからきしですが、「今日が人生で一番楽しかった」と言ってよく家に帰ってきます。僕はそんな息子を見て、100点取るより、逆に0点の自分を楽しめたら、それこそ100点満点じゃないかと思ったんです。

犬がかわいいのは、お手がめっちゃ上手だからじゃないですよね？
おかわりがめっちゃうまいからでもないですよね？
犬も猫もそのままでかわいいんです。

「猫はどんなに小さくても最高傑作である」

レオナルド・ダ・ヴィンチの言葉です。

あなたも、3点の自分をゆるしてあげましょうよ。
明石家さんまさんもこう言っています。

「満点は星空だけでいい」

満点は星空に任せて、僕らは3点なら3点の自分を受け入れ、楽しんでいきましょう。それが予祝で奇跡が起きる心の状態です。

予祝が叶うかどうかは、ほんとうの願いかどうか

ひすいのイベントによく来てくれる方で、結婚という夢を叶えるため、さまざまな予祝にチャレンジしてみた方がいます。

ペアのマグカップを買い、男性用の靴下を買ってタンスに入れて、極めつきは、予祝ウェディングまでしたそうです。しかし、まだ叶ってないのです。

なぜ、予祝で叶わないのか、自分とじっくり向き合ってみたら、驚くべき真実に気づいたというのです。

本音では、「結婚」にはあまり興味がないことに！（笑）

結婚にこだわっていたのは、常識や親や周囲の目を気にしていたからだったことに。「結婚」＝「幸せ」だとずっと思っていたけど、結婚していないいまも、とっても幸せだということに気づかれたとか。

また、彼女は、いろいろ趣味を持っていて、結婚したら、その趣味を我慢しなければいけなくなるからそれは嫌だと思っていることも気づいたそうです。

そして、過去を振り返ると、予祝であっさり彼氏ができたことがあることも思い出した。

かつて、好きなタイプを聞かれると「警察官」と答えていた彼女。

道に迷ったときに交番に立ち寄るのが、なによりの楽しみだったそう（笑）。

「踊る大捜査線」の織田裕二が制服姿で登場するシーンを何度もリピートしながら見てるうちに、「踊る大捜査線」によく登場する警視庁のキャラクター「ピーポくん」のキーホルダーが無性に欲しくなり、調べたところ「警察博物館」という警察の歴史や歴代警察官の制服などが展示されている場所で購入できることを知ります。

「これは、行くしかない！」と、すぐに「警察博物館」でピーポくんグッズを買い、職場で見せていたら、なんと、「今度、警察官の知り合いと飲むから来る？」とお声がかかり、「行く！　行く！　残業断ってでも行く」と伝えたそうで（笑）。

それで、めでたく警察官と知り合い、おつき合いすることになったのだとか。

最初のデート、彼が連れて行ってくれたのは、なんと彼女の大好きな場所、「警察博物館」でした（笑）。

振り返ってみれば、「踊る大捜査線」のリピート視聴と、ピーポくんを買うために行った「警察博物館」は、その後の警察官とのおつき合いにつながる予祝になっていたわけです。

周りの目を気にして、「結婚しなければいけない」との思いから予祝をしていたものはまだ叶っていませんが、ワクワク楽しんで行動したものは、デートコースまで彼女の理想どおりに叶っていたことを思い出した彼女は、こう結論づけていました。

「予祝は『本音』に反応するということ。心に宿る本音は、未来からのサイン。だから、本当の音を大切にしたとき、予祝は力を発揮する」

素晴らしい洞察です。

親の願いや世間体だったり、周りの目を気にして、自分の本心の願いがわからなくなっていることってけっこうあるんです。

ひすいも作家になる前、いろんなセミナーに参加し、学びを深めていたとき、周りの人がいろんな夢を持ち、輝いているのをうらやましく思い、自分のカフェを持ちたいっていう夢を持ったことがあります。

でも、その夢が叶うことはありませんでした。

カフェを持ちたいという夢を持ち、3カ月がたったときに、気づいたんです。

そう言えば、この3カ月、カフェのことを何ひとつ考えてないなって。

３カ月間、そのことを１秒も考えてないことって夢じゃないですよね（笑）。

ほんとはカフェに、たいして興味を持ってない自分に気づいたんです（笑）。

カフェの夢は、周りを気にして、「夢を持たなければいけない」という思いからの、とりあえずの夢だったのです。

ハワイで暮らしたいという夢をあなたが持っていたとしても、実は、ほんとうの願いは、家族とゆっくりしたいということかもしれない。

ほんとうの願いで、予祝することです。

本心がわからないという方は、２１２ページのワーク「まなゆい」をどんどんして、心のモヤモヤを晴らし自己受容をしていくと見えてきます。雲の先には必ず太陽（本心）があなたを待っていますから。

最後に、詩人の相田みつをさんの「本の字」という詩を贈ります。

本人　本当　本物
本心　本気　本音
本番　本腰
本質　本性
本覚　本願
本の字のつくものはいい
本の字でゆこう
いつでも　どこでも　何をやるにも

出典『じぶんの花を』

感謝——1
感謝こそ奇跡の扉

心の状態がウキウキ、ワクワクになっていたら、ものごとはうまくいき始めます。そして極めつきは、感謝があふれたときです。

そうなると、奇跡が頻発します。

「心」×「行動」＝「結果」

感謝は、「心」がマックスにプラスになっている状態なので、最高の結果が出るんです。

とはいえ、感謝は、するものではなく、あふれるものだと先ほどお伝えしたとおりなんですが、感謝があふれやすい環境は作れるんです。

それは、なんのためにそれをするのか、という「動機」をしっかり見つめてみることなんです。

「なんのためにそれをするのか」、それは言葉を変えるなら、

「誰を喜ばせたくて、その願いを叶えたいのか」

ということです。それを一度、じっくり問うてみてください。

難しい話じゃないんです。もともとの原点を思い出せばいいんです。

なんでその夢を持ちたいと思ったのか。なんでそれを続けてるのか。

野球の例であげるなら、もともと、お父さんとのキャッチボールが楽しくて、お父さんが喜んでくれてうまくなったとか、試合で活躍したときにお母さんが一緒に喜んでくれたのがうれしくて野球が好きになったとか。その原点の楽しさを忘れてるんです。それじゃダメだとか、いろいろ怒られるうちに原点を忘れちゃってるんです。

ほんとうは、楽しさがベースだし、喜びがベースだったはずなんです。

予祝をして、先に喜ぶことで、もともとあった原点の喜びを思い出していくんです。

なにを目指すかが「夢」だとするなら、なんのためにそれをするのかが「志」です。

甲子園を目指すことが「夢」だとするなら、「誰を喜ばせたくて、その願いを叶えたいのか？」それが志です。

志が定まると、「動機」が愛に根を張り、感謝があふれやすい状態になります。感謝こそ、心の状態がマックスにプラスに満たされた史上最強の状態です。

すると、「やらなければいけない」が「心からやりたい」に変わります。

自分のためにだけでは、全力を尽くしても100の力しか出ないんです。エネルギーの産出量が限定されている。

しかし、誰かを喜ばせたいとき、僕らは200、300、1000、10000と無限に力が湧き上がるのです。

自分のなかの愛につながったら、無限の力が湧き上がります。

甲子園を目指す高校球児は、誰を喜ばせたいかを聞くと、ほとんどの生徒が、お母さんだと言います。お母さんの愛は偉大ですね。

そこで、生徒たちには、甲子園に出場したときのことを想像してもらい、お母さんに感謝の気持ちを伝える手紙を書いてもらうんです。

僕（大嶋）が高校に研修に入るとき、「感謝の手紙」は二度、三度と書き直す時間を作ります。そのたびに、感謝も深まり、そして、その感謝の思いで練習に取り組むようになるので、練習の質も変わっていきます。

高校生たちが、一番喜ばせたい相手、感謝を伝えたいのは、たいがい、お母さんやお父さんなので、夏の大会前に、ご両親にグラウンドに集まって円になってもらうんです。この段階で、ようやく生徒たちが、「感謝の手紙」を親の前で読むのですが、ここまでくるのに、相当手紙を修正しているので、内容がかなりグレードアップしています。

それをご両親の前で読むわけですから、お母さんもお父さんも泣き崩れるんです。それを見て、子どもたちも我慢できないですね。もう感謝の気持ちがあふれ出ます。

このとき、実はお母さん、お父さんたちにも、お子さんたちへの感謝の手紙を書いてもらっています。

これで愛が循環するんです。

「心の状態」が感謝にあふれたとき、それは最高の未来を引き寄せられる状態です。

感謝は決意に変わるのです。

感謝こそ創造（クリエイション）の最大のカギです。

2008年北京オリンピックの女子ソフトボールも、選手全員がやっぱり感謝の手紙を書いています。

メンタルトレーニングのパイオニアであり、僕（大嶋）の師匠の西田文郎先生の指導のなかで、誰を喜ばせたいのか、誰にどんな感謝を伝えたいのかを明確にして、お世話になった人10人へ、感謝の手紙を書いて、それを読みに行ってるんです。

すでに亡くなった方には、お墓に読みに行ったそうです。

結果、感謝でチームは1つになり、4連覇を目指していた王者アメリカを破り、悲願の金メダルを獲得。球技としては、1976年のモントリオール五輪バレー女子以来の32年ぶりの快挙となったのです。


女子フィギュアの浅田真央さんの例もあります。

2014年のソチオリンピック、真央さんは大きなミスで、初日まさかの16位スタート。しかし、翌日のフリーで、これまでの自己最高スコアだった136・33点を上回る142・71点をマークし、16位から一気に6位へ順位を上げ入賞を果たしました。わずか1日でこの激変ぶり。

なにが起きたのかというと、この秘密も感謝なんです。


1つひとつのジャンプにお世話になった人の名前をつけたというんです。

このジャンプはお母さん、このジャンプは中学校の恩師、このジャンプは小学校のときに教えてもらった恩師、このジャンプはお姉ちゃんという感じで。

脳は主語を認識しないので、人に感謝することは自分に感謝することとイコールです。感謝で、最高の自己受容が起きるのです。

感謝——2
「『動機』こそ君の『未来』」

100社以上の上場企業の大株主で、日本一の投資家と言われた竹田和平さん。大株主ですから、毎年、業績を落とした会社の社長さんが、和平さんのもとにお詫《わ》びに訪ねてくるわけですが、このとき、和平さんがどのように対応したのか。

普通なら和平さんに大きな損を与えたわけですから、和平さんはその社長に、小言の1

つや2つ、言いたくなる場面です。ところが、和平さんは怒るどころか、業績を落としていた会社がV字回復した事例の記事を切り抜いておいて、それをもとに社長を励ますのだそうです。たとえば、先物取引の会社の社長さんが来ていたときは、和平さんは先物取引という仕事がいかに社会に役立っているかをこんこんと話されたそうです。

「ええかい、あんたの仕事は尊いねぇ。先物のおかげで農家は安心して生産できるよねぇ。ええかい、あんたほど日本の役に立てる社長はほかにおるかね？　あんたが輝けば日本は輝くがねぇ」と。

そして、「なんのための仕事なのか？」というところをしっかり思い出してもらうことで、社長の瞳が輝いていくのだとか。和平さんはこう言っています。

「仕事というのは本来尊いものだがね。世のため人のためになってるよね。
赤字になるというのは、なんのためにという動機を忘れてしまうからだよねぇ。
だから、動機を思い出させてあげればたちまち黒字に戻るがね。
動機はたいがい愛につながっとるねぇ」

そもそもの動機を思い出したとき、人は愛（原点）に戻れるのです。

「始め良ければ終わり良し」とはそういうことです。

「動機（始め）よければ結果（終わり）よし」ということなんです。

「心」×「行動」＝「未来」

動機が愛ならば、あなたの心の状態は、プラスマックスです。

あとは行動すればするほど未来は大きな愛で包まれていくわけです。

感謝――❸

「コールド負けから6連勝で、甲子園出場」

10対1でコールド負けした直後に、そこから6連勝と快進撃が始まり、劇的な甲子園出場を果たした、岩手県の釜石高校。この快進撃の背後にも、「誰を喜ばせたいのか」という「感謝」の力がありました。

釜石高校は部員がわずか24人。しかも彼らが小学校6年のときに、東北の震災で家が流され、ご家族を亡くされていた選手もいました。

僕（大嶋）が彼らに会ったのは高校2年の9月で、そのときがちょうど3日前に10対1のコールド負けしたという直後だったんです。地区予選なので、その地区であと全勝すればまだ県大会に行けるというときではあったんですが、監督以外の先生たちはみんな、甲子園は夢のまた夢だと思っていました。

このタイミングで、釜石高校で講演させてもらえることになったのですが、震災で、お父さん、お母さんが亡くなっている子もいます。そのことに触れるのは酷《こく》かなと迷ったんですが、逆に踏み込みました。

「俺も親父《おやじ》を小学校のときに亡くしたんだ。でも、いま、いつもそばで見てくれていると思って、てっぺん目指してがんばっている」と話したんです。

僕の親父は警察官で、僕が小学3年のときに殉職《じゅんしょく》したんです。

「自分の居酒屋に『てっぺん』という名前をつけたのも親父に見てもらいたいという思いからで、俺は親父の写真を講演するときに必ず持っていって、親父と会話しながら講演している。俺は親父がてっぺん（天国）から、いまも見守ってくれていると思っている。だからがんばれる。

いま、俺がいろんなことにがんばれるのは、そして夢を追いかけられるのも、親父が見てくれてると思っているからだ」

と、生徒たちに、親父の話を一生懸命したんです。

親父は亡くなったけど、その存在は大きくて、そのおかげで、いま、ほんとうにがんばれてるって伝えたかったんです。

むしろ、亡くなってからのほうが、その存在は大きくなる。要はまだ終わっとらんぜっていうメッセージを伝えたかったのです。

講演の最後には、家族への「感謝の手紙」を書いてもらいました。

ピッチャーの岩間大選手も、津波で行方不明になっているお母さんに手紙を書いていました。

岩間投手の手紙には、お母さんに「あきらめない姿」「野球を楽しんでる姿」を見てもらいたい。そして、お母さんを必ず甲子園に連れて行く、という決意が込められていました。

岩間投手は、けっして特別に球が速いわけではないんです。でも、なぜか打たれなくなった。そして、10対1のコールド負けしたあと、そこからなんと6連勝し、夢の甲子園出場を果たしたのです。

甲子園前に佐々木監督と食事をしたとき、

「あの日がきっかけで、1人ひとりの意識が変わった。チームの空気が変わった」

と言ってくれました。

「なんのために」「誰のために」という動機を見つめ直すことで、悲しみを愛に変えて、感謝を決意に変える。

感謝のエネルギーが、「大切な人のために」という決意に変わったとき、奇跡の力が湧き起こるのです。

なんのためにやるのか？
誰を喜ばせたいのか？
誰にどんな言葉を言われたいのか？

僕が、一番言われたい言葉は、天国のお父さんから、こう言われることです。

「俺の代わりに家族を幸せにしてくれてありがとう。本当によくがんばったな。ずっと見てたぞ」

僕は、お父さんが見てくれていると思うと、ほんとうに力が湧き出てきます。
そして、母親にはたくさん苦労かけたので、少しでも恩返ししたいし、幸せな人生だったって人生最後の日に言ってもらいたい。それが、僕の最高の喜びであり、夢への原動力になっています。

「誰かを喜ばせたい」という思いが、喜びの最上級であり、最上級の予祝なのです。

感謝──4
「本音を伝え合う場を作ると1つになれる」

キャプテンが仲間みんなに感謝の手紙を書く場合もあります。すると、やっぱり選手たちは泣き崩れるくらい感動します。このタイミングで、仲間への思いを、1人ずつ話し合ってもらう時間を作ります。普段は語らない、自分が胸に抱いている仲間への思いを話し合ってもらう場を作るんです。

ベンチに入れなかったメンバーだって、最後に自分ができることでみんなで一緒に甲子園に行こうとしているその秘《ひ》めた思いを語ってくれる子もいる。

ベンチに入れたメンバーからも、サポートに回ってくれた選手たちへ、あらためて感謝の気持ちを語る子もいます。


それぞれ誰にも話してない思いがあるんです。その思いをシェアする場を作るだけでも1つになり、チームの空気が変わります。


とはいえ、大勢の前で話すのも抵抗がある子も多いですから、まず2人でしゃべってもらいます。3~4分ほどしたら、パートナーチェンジして、また2人で話してもらいます。

これを何回か繰り返し、最後は、みんなの前で話してもらう。最初は、泣かなかった子もメンバーチェンジで泣く子も出てきます。そしてその姿を見ていた監督も涙を流されることがあります。

少し部屋を薄暗くしておいて、みんなの本音を素直に語り合いやすい場を作っておきます。

１人ひとり本音を引き出す。
１人ひとりの感謝の思いを引き出す。

そのことでチームは1つになり、奇跡を起こす空気が生まれていくのです。

自分のありのままを受け入れると満たされて、自分とつながれます。
すると、自然に大切な人を喜ばせたくなり周りの人とつながれます。
すると、未来につながれるのです。

「自分」とつながり、「仲間」とつながると、
最高の「未来」とつながれるのです。

感謝――5

「『感謝』を『決意』に変える4つのステップ」

感謝が大事だと「知識」ではみんな知っています。

でも、知識だけでは人は変わらない。実際にやってみること、実践していくことです。

そのための有効な1つの方法が手紙を書くことです。

手紙を書きながら、相手への自分の思い、感情をしっかり「感じる」ことです。

その自分の感じたことを最後に人に「シェア」する。順番をつけると、

❶知識としてまず知る（感謝の気持ちを引き出すのは手紙が有効だと知る）

❷実践（この場合、手紙を書く）

❸感じる（手紙を書きながら湧き上がる自分の感情を感じる）

❹感じたことを人にシェアする

この4つの過程を経ることで、知識は知恵となり、感謝は力（決意）となるのです。

感謝の手紙を書いていると、泣き崩れる子も出てきます。

それを何度も見るなかで気づいたんです。

みんな泣くくらいの感謝をほんとはすでに持っていると。ほんとは、心の奥深くでみんなすでに感謝しているんです。

手紙を書くことで、意識をしっかり向けると、感謝があふれます。それをしっかり感じることで変容が起こります。

さらに、その思いをシェアするなかで、人は自然にその感謝の恩にむくいたくなるんです。誰かを心から喜ばせたいと思うのです。

そのとき、感謝のエネルギーが誰かを喜ばせたいという「決意」に変わるのです。

高校生でいうなら、お母さんへの感謝の思いはみんな深いところではすでに持っているんです。でも、その感謝は表面に上がってきてないので感謝が力に変わっていないだけなんです。

それを❶～❹の過程を経るなかで、お母さんへの「感謝」が、お母さんを甲子園に連れて行って喜ばせたいという「決意」に変わるのです。

この状態で、予祝したら、奇跡は起きます。

奇跡は「習慣」から生まれる――❶
「本気の予祝ジャンケン」

僕（大嶋）はよく、高校生たちの前で講演をするのですが、みんな最初は、ノリ気じゃないので、雰囲気も暗くてどよんとしています。

でも、空気を一気に明るく変える秘策があるのです。

それが、「本気の予祝ジャンケン」です。

2人1組でジャンケンをするのですが、勝っても負けても引き分けても2人で本気で喜ぶんです（笑）。勝っても負けても、本気で喜んでしまえば、もう、最高の未来しかこないという予祝のジャンケンです。

勝たないと喜べないなんて、それは21世紀の古いジャンケンです（笑）。

講演では、「勝ち負けは関係ないけど、喜びの本気度で、これからの人生が決まるよ」と伝え、気合いを入れてもらいます。

「万が一、中途半端にしか喜べなかった人は、今年はあきらめてくれ」と（笑）。

そして、「本気の予祝ジャンケン」に入る前に、お互いに「よろしくお願いします！」の握手をして、さらに場のエネルギーを上げていきます。

そして、全校生徒でいっせいに、

「最初は、グー！ジャン・ケン・ポン！」

「よっしゃあああ！やったー‼」

と叫び、ガッツポーズ。そのあとはハイテンションで、みんなとハイタッチ。

これで、空気が一変します。

実は、この空気（エネルギー）こそが、チームの力を最大限に発揮するカギになるんです。

「職場の空気が変われば、業績は変わる」

僕が、組織作りを学ばせてもらった大久保寛司先生の言葉です。

これは、家庭も学校も同じことが言えます。子どもの可能性を引き出すのに、もっとも大切なことが、家庭が明るいかどうか、学校が明るいかどうかなんです。

ＰＴＡの全国大会で、荒れていた学校をたて直した事例のなかで必ず出てくるのが、「挨拶と掃除」です。挨拶や掃除を先生、保護者が見本となり、明るく率先してやることで、学校の雰囲気が変わっていき、子どもたちの心も変わっていきます。

空気（雰囲気）こそが大事なんです。

奇跡は明るい空気から生まれるからです。

この「本気の予祝ジャンケン」を職場の朝礼や会議前に、部活では練習前や試合前にやったりと、習慣にすることで成果を出しているところが多数ありますので、ぜひ取り入れてみてください。

空気（エネルギー）が変われば、心が変わり、結果が変わるのです。

奇跡は「習慣」から生まれる――2
「自己肯定感を高める習慣」

高知県・中村高校の野球部員たちの素晴らしい「習慣」を紹介させてください。

彼らは、1週間ごとに、「これをやります」と、自分との約束を3つ決めるんです。生活面と野球面と勉強面、この3つの分野で、1週間で自分がやることを自分で決めます。

たとえば勉強だったら、この1週間は30分、机に向かって英単語をやるとか、野球面だったら素振りを1日必ず100回とか、生活面なら、お母さんの皿洗いを手伝うとか。

この目標は自分で決めていいので、自分ができると思える3つの約束を1週間ごとに全員の前で発表するんです。

表が貼り出されていて、この1週間でその3つの約束が守れたかどうか○か×を書きます。それを見たら、16人全員、何カ月も全員マルになっているんです。自分1人が×になったときにチームのみんなに申し訳ないので、知らず知らずのうちに、自己管理能力も高まっていくのです。

自分がムリなくできることを3つあげるのですが、それが何カ月も毎日○がつけられている表を毎日見る。これは、潜在意識から見ても、素晴らしいことです。自分が約束したことは100％実現できるんだというのを毎日、潜在意識に落とし込んでいるんです。

自分との約束を守る＝自信
チーム全員で約束を守る＝一体感

こんなことを毎日してるので、中村高校の選手たちの表情はとってもイキイキしています。これも、自己肯定感を高めるための習慣です。

さて、そんな中村高校は甲子園に出られたのでしょうか？

彼らの高知県には、名門、明徳義塾が君臨しています。明徳義塾は、毎年、全国から優秀な選手が集まるのですが、中村高校は公立なので、生徒は近くの地元の子どもたちだけ。しかも、選手層が16人と圧倒的に薄いんです。

おまけに、なんと、選手3人が骨折しながら試合をしていたのです！

骨折してることが相手に見つからないように、なるべくボールを投げなくていいファーストを守り、ファーストに牽制《けんせい》がくるたびに、わざわざボールをピッチャーのいるマウンドまで走って届けたり（笑）。

審判にも、わざわざピッチャーのところまで行くのは時間のムダだから「投げなさい」って言われてるんです。でも、骨折してるから投げられないんです（笑）。

バッターボックスに立つときも、骨折してますから、監督からは、「バットは振るな」と言われていました。でも、ついついバットを振っちゃうわけです。すると、なんとタイ

ムリーヒット！（笑）

結局、明徳義塾を破って優勝して、甲子園出場を果たしたんです。それこそミラクルです。

骨折してた選手3人は、ポッキー1号、ポッキー2号、ポッキー3号と監督に名前をつけられていました。

監督が困難に対しても深刻にならず、それを楽しんでいるんです。そうでなければ、こんなキュートなネーミングはつけられないはずです（笑）。

さて、話を戻して、あなたも中村高校に見習って、生活面（遊び含む）と仕事面で、毎日、必ずこれをするというテーマを決めて表を作り、毎日○×をつけてみよう。

難易度はいたって低くてオッケー。これなら必ずできるというものでオッケー。続けることで、できることが徐々に大きくなっていきます。

奇跡は「習慣」から生まれる――3
「明るい空気を生み出す『言葉の習慣』」

「習慣に気をつけなさい。それはいつか性格になるから。性格に気をつけなさい。それはいつか運命になるから」

そんなふうに言われることがあるとおり、まさに習慣が心を作ります。

うちの「てっぺん」という居酒屋は朝礼で有名になり、毎年1万人が見学に訪ねてくれます。いま考えてみれば、朝礼もいわば、未来の先取り、予祝だったんです。

「てっぺん」の朝礼は、どんな自分になりたいか毎朝イメージで先取りして、その夢を言葉にして宣言します。予祝を、朝礼という形で毎日の「習慣」に落とし込んでいるんです。

僕（大嶋）は、少年院の子どもたちのところで講演をさせてもらったことがあります。

最初は、すごく怖くて、「誰も聴いてくれないだろうな」と思っていました。

でも、違いました。みんな、目をキラキラさせて聴いてくれました。驚きました。

最後は、少年院の子どもたちが、ゆずの『栄光の架橋』を泣きながら大合唱で歌ってくれ、僕も泣きました。

いままでいろんな学校で講演してきましたが、一番、目をキラキラさせて聴いてくれたのは、この少年院の子どもたちだったんです。

なぜだと思いますか?

それが「習慣の力」だったんです。

生まれながらに悪いことをしようと思って生まれてきた子どもなんていないです。彼らの作文を読ませてもらい、そのことがよくわかりました。そこには、「もっと愛されたかった」「普通の家庭に生まれたかった」「寂しかった」などと涙ながらに書かれていました。

彼らは、ただ、もっと愛されたかっただけなんです。

そんな彼らが、目の輝きを取り戻したのは、習慣の力でした。

少年院に入ると、生活習慣がガラッと変わります。朝6時に起床して、きれいにふとんをたたみ、トイレ掃除や部屋の掃除。そして、朝陽を浴びながらのラジオ体操。元気よく挨拶をし、腰骨を伸ばして、感謝を込めて食事をとります。

そんなふうに生活習慣が変われば、心が変わっていくのです。

良い習慣が良い心を育むんです。


高校野球でも、甲子園常連校ほど生活習慣が素晴らしいんです。

「野球の内に野球なし。野球の外に野球あり」

この言葉は、松井秀喜さんの母校、星稜高校の本田実先生に教えていただいた言葉なんですが、その星稜高校では、トイレ掃除は、3年生にならないとやらせてもらえません。

トイレ掃除は、それほど重要な位置づけなんです。


よく、「人生を変える」という言葉が使われますが、その「人生」とはなんでしょうか？


「人生」とは「日常」のことです。

つまり、人生を変えるとは、日常を変えることなんです。

挨拶や掃除などの生活習慣のなかにこそ、一番大切なことが詰まっているんです。

良い習慣が、あなたの心を明るくし、その明るい心が、明るい未来を作ります。

だからこそ、「予祝」の習慣を作ってほしい。喜びのなかで生活する習慣を作ってほしい。

「未来」とは「あなたの心の状態」だからです。

奇跡は「習慣」から生まれる——4
「逆境を楽しむ習慣」

甲子園常連校は、一番苦しいときに、いかに空気を明るく保つのかを常に練習の段階から想定して練習を積んでいます。

苦しいときに、その苦しみを楽しむことを練習の時点で根づかせていくんです。

これは聞いた話ですが、菊池雄星選手や大谷翔平選手を生んだ花巻東高校では、一番苦しい坂道ダッシュでも、ちゃんとそれを面白がれるように工夫をしてるんだそう。

チームの盛り上げ役が、一番きつい坂道ダッシュを、「このダッシュは、8回の裏3対1の負けてる場面で、『それでもヨッシャーいくぞー』という場面のダッシュだー」と、ダッシュする。試合の苦しい場面を想像して、結びつけて坂道ダッシュをするんだそう。なにげなくやらない。ちゃんと1つひとつ意味づけして、盛り上げて練習しているんです。

この習慣が、苦しいときでも、楽しめる心を作るのです。

こういうことを普段の練習からやっているので、本番の大事な場面で力を発揮できるようになります。

実際、花巻東高校が、神戸弘陵高校に遠征で練習試合に来たときのことを、神戸弘陵高校のコーチに聞いたことがあるのですが、彼らは岩手の花巻から神戸まで来て、3試合終えてヘトヘトなときに、佐々木監督は、「よし、最後に50本ダッシュして帰るぞっ」と言ったんだそうです。

「えーーーー!!!　もういい加減にしてください」

って思うところじゃないですか、普通。

しかし、花巻東の選手たちは、

「やったーーー！　これでもっと足が速くなるぞ！」
「おかげで2塁打が3塁打になるぞ！」

そう間髪容れずに喜んで、ダッシュを始めたそう。

逆境でも、最高の言葉を発するという習慣がこんなところでも徹底しているんです。

強いチームは、夢や目標にワクワクしているので、毎日の練習をワクワクしながらやっています。そして苦しくても空気を暗くしない習慣があります。

このすべてがチームの「空気」（雰囲気）を作っていきます。

輿石監督率いる秋田の明桜高校も、エラーしたときや三振したときなど、気分が落ちる状況に対して、1つひとつ、どうやって心を切り替えるかというのを具体的に表にしています。

三振したとき、まずやっちゃいけないことは落ち込んだ顔はしないとか、三振したときこそ、ヨッシャーっていう気持ちでダッシュでベンチに戻って来るとか、気持ちを切り替えるためのルールがあるんです。

あなたも、日常のなかで気持ちが下がる場面を1つひとつあげて、こんなときはこうするというマイルールを作ってみましょう。

それを習慣にするのです。

奇跡は「習慣」から生まれる――5
「月1の予祝会こそ最強の習慣」

夢や目標を叶えるときも、問題解決をするときも、その秘訣は、面白がることです。

そのためにオススメしたいのが、ひすいさんの著書『世界一ふざけた夢の叶え方』（フォレスト出版）で紹介されている、月に1回、4人チームで夢を応援し合うことです（これを「セカフザする」と言います）。

ひすいさんたちは、仲間4人で、ある実験をしたそうなのです。

「1人で夢を叶えようとしたら10年かかる。しかし4人で、4人の夢がみんな叶うように応援し合ったら、世界最速で夢が叶うんじゃないか？　そのために定例会と称して毎月1回会って、お互いの夢を応援し合おう」と。

すると、当時会社員で、でも夢はベストセラー作家だったひすいさんの夢が1年で叶ってしまったというのです。ほかの3人の夢もすべて3年以内に叶っています。詳しくは本を読んでいただきたいのですが、毎月1回、4人で会う予定を最初に決めちゃうのです。これで予祝をするのが習慣になります。

4人で2時間会うなら1人30分です。その30分を1人を応援するためだけに使うのです。この30分のなかで、「予祝インタビュー」（100ページ参照）をしてもらうのもとてもいいです。

最高峰の予祝は、夢を語り合う仲間と予祝を月1でやることです。

1人で予祝をしても結果は出ます。しかし、気の合う仲間と一緒に予祝をすると、なにより、空気が圧倒的に明るくなるし、その空気感が奇跡の連鎖を生み出すんです。

仲間で予祝をやると、効果は飛躍的にアップします。

ぜひ月一で予祝会を始めましょう。

仲間との予祝会は、もちろん居酒屋「予祝のてっぺん」で！（笑）

WORK

世界最速で、ネガティブから脱出し、ありのままの自分にOKを出す言霊メソッド【まなゆい】

モヤモヤを晴らし、自己肯定感を高める、とっておきの方法があります。

「まなゆい」という言霊メソッドで、ひすいの友人の小玉泰子さんが、宇宙から受け取ったものです。

「受けいれ」「認め」「ゆるし」「愛しています」という4つの言葉で、ありのままの自分を受容します。

「まなゆい」は、いまあることを受け入れる、いわば母性（大地）のエネルギー。
予祝は、こうありたいと願い、そこに邁進《まいしん》する父性（天）のエネルギー。

「まなゆい」で、心の闇にちゃんと丁寧に向き合い、自分の心を晴らして、そのうえで、予祝をしていくと天と地が結ばれて、とてもバランスがいいのです。

「まなゆい」のやり方はとてもシンプルです。

何かイヤな気持ちになったら、その心のつぶやきに、

「～と思った自分を受けいれ、認め、ゆるし、愛しています」

と、くっつけてください。それだけです。シンプルでしょ？

私は○○○と思った自分を受けいれ、認め、ゆるし、愛しています。

○○○に心のつぶやきを入れるだけです。

例**1**　私は、「片づけができない自分って情けない」と思った自分を受けいれ、認め、ゆるし、愛しています。

例**2**　私は、「満員電車イヤだ」と思った自分を受けいれ、認め、ゆるし、愛しています。

そこから スタートして、その次に思い浮かんだ心のつぶやきを、そのまま、またこのフレーズに入れて言います。

どんなイヤな自分であろうとも、

「私は、――――と思った自分を受けいれ、認め、ゆるし、愛しています」

と、4つの言葉で自分の素直な気持ちを全肯定していきます。

どんな自分もOKって認めてあげるのです。

すると、いい悪いというジャッジの世界から解放され、どのような自分でありたいか、という心の声が聞こえやすい状態を作ることができるのです。

すぐに他人の目を気にしちゃう自分が嫌いなら、「他人の目を気にしすぎて疲れてしまう、と思った自分を受けいれ、認め、ゆるし、愛しています」と言います。その次に、湧き上がってくる感情も同じように繰り返し全肯定していきます。

たとえば、「そうは言っても、そんな自分を許せない」と思いが湧いてきたら、「そうは言っても、そんな自分を許せない。と、思った自分を受けいれ、認め、ゆるし、愛しています」と言います。

次に、「だって、人に嫌われたら独りぼっちになってしまうから」と恐れが出てきたら、そう思った自分も受けいれ、認め、ゆるし、愛します。

本気で受けいれなくていいんです。言葉には言霊が宿っているので、このフレーズをただ言ってるうちに、次第に気持ちも変化していきます。

これを1分、2分、5分、10分と自分の心がスッキリするまで、ひたすら湧き上がる思いを4つの言葉で全肯定していきます。

終え方は、スッキリしてきたら終了ですが、いつ終えても大丈夫です。

慣れてきたら心のなかでつぶやくだけでもオッケーですが、最初は声に出すとなお変化が早いです。

ムカッときたときに、1回言うだけでもいいです。

受けいれると、癒しが起こります。

癒しは「受容」から起こるからです。人は認めてもらってからじゃないと、なかなか新しい一歩は踏み出せません。感情も一緒。まず「受けいれ、認めてあげる」ことです。

「まなゆい」は、感情のモヤモヤを晴らすだけではなく、自分らしいビジョンを見つけ、そこに向かうためのアイデアも、同じように自問自答していくなかで見いだすことができます。

「まなゆい」は基本1人でできるメソッドですが、実は、2人でやるとさらにパワフルです。より詳しいやり方は、『実践！　世界一ふざけた夢の叶え方』（フォレスト出版）に書きましたので合わせてごらんください。

また、「まなゆい」は、こうありたいという未来の自分を受け取ることができるので、こんなことがあるといいなという未来を先取りする形で宣言するのもオススメです。

たとえば、「今日1日、信じられないくらい、ありえない祝福をたっぷり受け取っている自分を受けいれ、認め、ゆるし、愛しています」と毎朝、宣言するのもいいですね。

その際、「～と思った自分」ではなく、「～という自分を」という表現にしていることがポイントです。

WORK

【3行予祝日記】で、予祝を習慣に

普通なら、寝る前に書く日記を、朝から書いちゃう日記です。

出だしは、「今日も最高の1日だった。最高に幸せだった」と、まだ1日が始まっていないのに、完了形でいきなり、言い切っちゃうのがポイントです。

今日打ち合わせがあるなら、朝の段階で、「最高のアイデアが出た。ありがとう‼」と先に日記に書いておくのです。

そんなふうに、今日1日、最高の1日を過ごした幸せを想像して、朝から喜びに浸りながら書くのです。

予祝タイムは1日3分でもいいし、3行でもいいのでやってみてください。

朝ではなく、なにかをやるとき、その直前にパッと予祝をしてのぞむのもいいです。

たとえば、大嶋が学生に講演するときは、講演直前に、手帳にこのように書いておきます。

「この講演で、1人ひとりが可能性に気づき、未来に興奮し、みんな号泣。生きてることのありがたさに気づく」。

講演が終わったときに、聞いてくれた人が、どんな状況になっていたらうれしいか想像して、先に記しておくのです。

デートの日だったら、デート前に「恋人が最高の笑顔になってくれた。うれしい。ありがとう！」と先に記し喜んでおく。

これぞ、喜びの先取り、でっちあげ予祝日記です（笑）。

【感謝の手紙】で、感謝を決意に変える

僕（大嶋）は、自分の人生を振り返ると、いつも本気で厳しく叱《しか》ってくれる先輩たちがいるんです。怒られるわけですから、もちろん凹《へこ》むんですが、心の奥深くで、それがうれしいと感じる自分に気づいたんです。父に怒られてる気になるからです。お父さんを感じるからです。

僕が小学校3年のとき、警察官だったお父さんは殉職しました。お父さんは、柔道が強くて、警察のなかでも県で1、2番を争うくらい強かったそうです。男気があって口数が少ない。そして、人の悪口はぜったいに言わなかったそうです。そんなお父さんに向けて書いた「感謝の手紙」がこちらです。

お父さんへ

お父さん、今、僕は、本当に幸せです。心の底から幸せです。
僕は、お父さんがいなくなって、本当はすごく寂しかった。
一緒に遊んで欲しかったし、もっと一緒に話がしたかった。
お父さんの夢を聞いてみたかったし、お父さんに僕の夢を聞いて欲しかった。
何より、もっと生きていて欲しかった。
でも、そんなこと言ってもお父さんが戻ってくるわけじゃない。
それに、お父さんだって、死にたくて死んだわけじゃないのもわかっている。
でも、
一度でいいから、喧嘩したかった。
一度でいいから、お酒を飲みたかった。
一度でいいから、直接ありがとうを伝えたかった。
一度でいいから、親孝行がしたかった。
神様がいて、願いが1つ叶うなら、お父さんに会って、ありがとうが伝えたい。

お父さんに僕の成長した姿を見て欲しい。

お母さんが言っていた。お父さんは絶対に愚痴を言ったり、弱音をはいたり、人の悪口を言わなかったって。だから、僕も、言わないようにしています。

お父さんのお葬式の時、本当にたくさんの人が来てくれた。お父さんの、人と真剣に向き合う生き様、仲間を大切にする生き様が、本当にかっこよかった。

だから、僕も今、仲間と真剣に向き合い、最高の仲間と最高の夢を追いかけています。


最近、子どもの頃のアルバムを見た。涙が止まらなかった。

すごくうれしそうな笑顔で、僕を抱いているお父さんの写真があった。

本当に愛してくれていたんだって。今も涙が止まらない。


お父さん、本気で愛してくれてありがとう。

お父さんが愛してくれたから、今、心から幸せです。

お父さんとお母さんの子どもとして生まれて本当によかった。

僕は約束します。

お父さんとお母さんからいただいた大切な命を、たくさんの人に喜んでいただくことに精一杯、使っていきます。

そして、どんなことがあっても、お父さんが愛した家族を、僕が必ず幸せにします。

お父さんの分まで、家族を守り、お母さんを幸せにして、最高の人生にしてみせます。

だから安心して、これからもずっと見ていてください。

大嶋啓介

あなたも大切な人に向けて、心を込めて手紙を書いてみてください。

感謝の思いがあふれてきます。

その感謝の思いが、こう生きたいという決意に変わるのです。

感謝で予祝は花ひらきます。

第6章

楽しいは無敵。予祝の本質は、面白がること

人生を楽しくできるかどうかは
現実が決めるのではない
あなたの心が決める

楽しんでる人には誰も勝てない

あなたにやっていただきたいことがあります。

まずは前屈をして、どこまで自分の指がいくか覚えておいてください。

覚えたら、次は、最近、楽しかったこと、うれしかったことを思い浮かべてニコニコしてみてください。そして、同じようにまた前屈をしてみてください。

これ、講演会場でやると9割くらいの方が、その場で2〜5センチくらいあっという間に体がやわらかくなります。

楽しんでいるときは、余分な力が抜けているんです。そのようにゆるんだときこそ、人は最大の力を発揮できるのです。

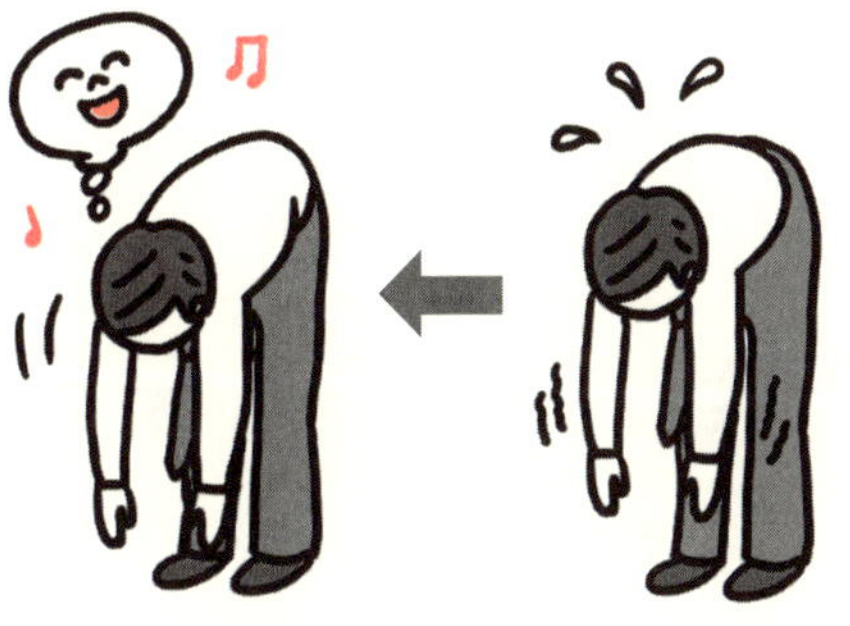

第5章で、「喜び（予祝）」「自己受容」「感謝」の3つのサイクルの図を見ていただきました。

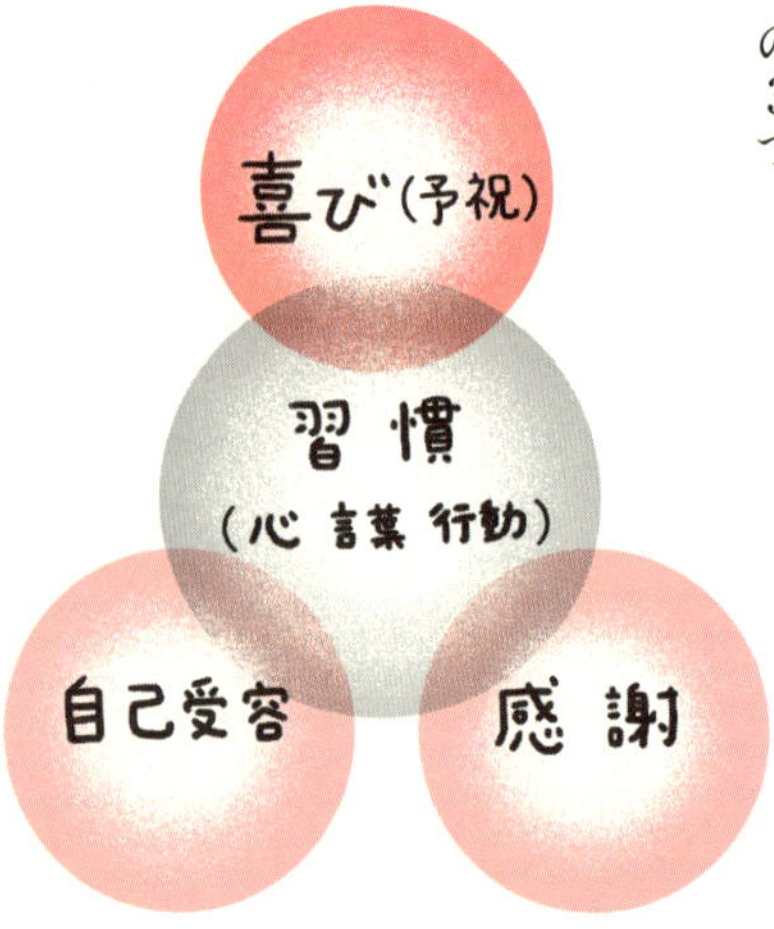

この3つのサイクルが回り始めると、心の状態が満たされ、次第に、何事も面白がれるような心境になっていきます。

どんなことでも、面白がり、楽しめるようになれたら無敵です。

孔子は「論語」のなかでこう言っています。

「子曰、知之者不如好之者、好之者不如樂之者」

どんなに努力をしている者でも、それを楽しんでる人には勝てないと。

そもそも「努力」って漢字は、奴隷の「奴」からきており、嫌なことをムリやりするという意味です。

僕（大嶋）の原点の話をさせてもらいます。

実は、僕は高校生のときの成績が1学年700名のなかで、なんと、1番だったんです。

この話をすると、僕は頭がいいイメージがないようで、「ウソでしょ？」と言われるんですが、ほんとです（笑）。しかも理数系で僕はトップでした。

でも、中学まではまったく成績は普通で、平均が3くらい。だから高校受験も公立は落ちて仕方なく私立に行ったくらいなんです。

そんな勉強嫌いだった僕が、高校からはありえないくらい成績がよくなって学年トップです。2年生は全科目オール5です。この急成長は、奇跡と言っていいと思うのですが、実は、秘策があったのです。

みんなは「しなければいけない」という思いで仕方なく勉強しています。しかし、僕はワクワクしながら勉強できる秘策を思いついてしまったのです。

その秘策とは……

「告白」です。

僕は片思いしていた子にこう伝えたのです。

「今度のテストで、学年で３番以内に入ったらつき合ってほしい」（笑）

もう、これまで退屈で嫌々やっていた勉強が、その日から勉強するのが楽しくなって徹夜でも全然がんばれるんですよ（笑）。成績の向こうに彼女とつき合えるワクワクがあったからです。

彼女とつき合ってることを何度も何度もイメージしながら勉強していたら、ありえないくらい成績が急上昇しました（笑）。

ワクワクって無敵なんです。

ワクワクは、可能性を開花させてくれます。

なにも告白だけではなく、ワクワクする方法は、たくさんあります。
勉強でも、仕事でも、スポーツでも、ダイエットも、目標達成した先にワクワクする喜びが大きければ大きいほど、達成しちゃいます。

「やらなければならない」のエネルギーでやっているのか、
「やりたくてたまらない」のエネルギーでやっているのか。

夢を叶えるコツは、「面白がること」です。そして、夢がもっとも嫌うものは、「深刻さ」なんです。

達成したあとの喜びを増やすこと、ワクワクすることこそ、「予祝」の真骨頂です。

まさに、西田文郎先生の言葉どおりなんです。

「成功したからワクワクするのではない。
ワクワクしているから成功するのだ」

いま、あなたは、夢や目標にワクワクしてますか？
興奮してますか？

鼻血が出たら夢は叶う！（笑）

「ワクワクしたら無敵」

思い起こせば、それ以来、人生でうまくいったことはすべてそのパターンでやってきたことにあらためて気づきました。

居酒屋「てっぺん」を創業するときも、どんな居酒屋を作ったら、鼻血が出るほど興奮するか、興奮する理由を先にいくつも考えていたのです。

「一番興奮する目標はなに？」
「一番興奮するシーンはなに？」
「来てくれたら一番興奮するお客様は誰？」

独立してお店を始める前に、ずっとそう問うてました。

真っ先に浮かんだのが、全国から同業者が「ここの居酒屋はヤバい！」と、僕たちの居酒屋に偵察に来てくれるシーンでした。

日本一スタッフが輝いている店にして、全国から同業者が学びに来る。そんなモデルになるような居酒屋を作れたら、伝説になるって興奮したんです。

なかでも、居酒屋業界の神様と言われる、憧《あこが》れの楽コーポレーションの宇野隆史社長が認めてくれるような店を作れたら確実に鼻血が出ると。

もう1つは、創作和食の『権八』やエスニックの『モンスーンカフェ』などさまざまなレストランを運営し、日本に外食を根づかせたと言われるグローバルダイニングの人たちでした。

彼らが僕の居酒屋を見て、こう言ってくれたら興奮するっていうひと言も決めていました。

「居酒屋てっぺん、なんだコイツら！　なんでスタッフがこんなにイキイキ働いてるんだ。すごい店ができたぞ」と（笑）。

僕が飲食業界で尊敬する方々がこんなふうに言ってくれたら、確実に鼻血が出るぞと。もう、そんな想像をしていたら、興奮してきて、銀行に提出する事業計画書の書類の「リスク」という欄に「鼻血」って書いたんです。

そして、リスクヘッジ→ティッシュってほんとうに書いたんです。

リスク⬇鼻血
リスクヘッジ⬇ティッシュ

実は、てっぺん創業後、この夢は叶いました。オープン3カ月後にして、楽コーポレーション宇野社長が来てくれたのです。そして、店長さんに「おまえら、あの店すごいぞ。一度見て来い」って言ってくれたのです。

なんと、その後、尊敬するグローバルダイニングの新川副社長（当時）も来てくれて、全店舗に「いますぐ、てっぺんに行け」と長文でＦＡＸを送ってくれたそうです。

そのほかにも、こんな居酒屋になったら、鼻血が出るほどワクワクするって想像を創業前に積み重ねました。

そんなとき、志に目覚める衝撃的な話を聞いたのです。

それは、日本の子どもたちが、どんどん夢や希望が持てなくなっているということ。

その原因が、「大人の疲れた姿」だということ。

「大人が輝けば、子どもが輝く。
子どもが輝けば、日本の未来が輝く」

僕の志にスイッチが入りました。まずは、てっぺんを日本一大人が輝く店にして、輝いている大人の姿を日本中の子どもたちに見せたいって思ったんです。

そこで、思いついたのが、修学旅行です。

「1日目ディズニーランド　2日目居酒屋てっぺん」

という感じで、修学旅行の行き先予定に居酒屋が選ばれている未来を想像しました。

そうしたら、また興奮してきて鼻血です（笑）。

その夢は3年後に叶いました。

いまでは「てっぺんの朝礼」を見学に多くの学校が来てくれます。

そのほか、飲食系の全雑誌に取材され、本も出版されてと、創業前に、こんな未来になったら鼻血だなって想像してノートに書いたことが、すべて現実になったのです。

NPO法人の「居酒屋甲子園」を立ち上げるときも、4人の仲間で、それこそ夢を興奮して語り合っていました。

「居酒屋甲子園」とは、全国からエントリーされた居酒屋のなかから、優秀店舗（5店舗）を選び、ステージ上で自店の取り組みや想いを発表し、日本一の店舗を決定する甲子園的なイベントです。年1回、約5000人が来場する全国大会で共に学び合うのです。外食業界で働いている人が誇りと自信を持てる大会にすることを目指し始めました。

この「居酒屋甲子園」を「てっぺん」を創業して半年後に立ち上げようとしたときもみんなに笑われました。自分の店がまだこれからってときに、なんで日本中の居酒屋のことを考えなきゃいけないんだって。

でも、居酒屋甲子園を通して、いがみ合っていたライバル同士の居酒屋が、つながり合い、居酒屋から日本を元気にしようと手と手を取り合ったら、ヤバいなって。

これは、まさに幕末の志士、坂本龍馬がやった薩長同盟だと思って、歴史的な興奮を感じ、ほんとうに鼻血が出たくらいなので、やらないわけにはいかなかったんです（笑）。

鼻血が出たら、奇跡は起きます。

だから、基準は鼻血が出るかどうか、なのです（笑）。

やる気が起きないことをやってることが、人生最大のリスク

脳科学的にも、低いゴールより高いゴールのほうが達成しやすいんだそうです。高いゴールのほうがときめくからです。

僕は店長時代も、独立後も、前年対比を目標にしたことが一度もないんです。

前年対比なんてワクワクしない。面白くないからです。

「それって祭り？　それって伝説になる？

「それって世界かわる？ それって鼻血、出る？」

これが僕の行動指針です（笑）。

ダイエットにみんな失敗するのは、「痩せなくてはいけない」という恐れを動機としてがんばっているから続かないんです。

しかし、ダイエットにみんな成功するタイミングがあって、それは結婚式が決まったときだそうですが、きれいな自分を見せたいとワクワクしているから、このときばかりはダイエットに成功するんです。

西田文郎先生はこう言っています。

「正しいことは続かないけど、楽しいことは続く」

脳は楽しいことが大好きなんです。楽しくないことはほんとは1ミリだってやりたくないんです。

だから、やってることにワクワクしてないってことが、実は人生最大のリスクなんです。

結果を手放せたら、もっと面白がれる

1998年夏の甲子園の準決勝。明徳義塾高校VS.横浜高校。

あの伝説となった試合には、実は、予祝の真髄が隠れていました。

横浜高校を引っぱるのは、あの松坂大輔投手。

しかし松坂は、その前日のPL学園との試合で延長17回を投げ抜き、準決勝では先発で

きませんでした。

その松坂なき横浜投手陣に明徳打線が襲いかかり、8回表を終えた時点で6–0と大きくリードされ、誰もが負けたと思いました。ところが、8回裏から横浜高校の快進撃が始まり、6–0から、なんと奇跡のサヨナラ勝ちを果たすのです。

その問題の8回裏、いったいなにが起きたのか？

円陣を組む選手たちに横浜高校・渡辺元智監督が、あるひと言を告げた。すると、チームの空気が一変したのです。

選手たちが生まれ変わったかのように打ち始め、それまで1点も入れられなかったにもかかわらず、一挙に7点取り、逆転してしまったのです。

いったい、渡辺監督はなんと言ったのか？

それは……。

「この試合は勝ち負けは考えなくていい。楽しめるだけ楽しんでこい！」

高校生の場合、根性を入れてバットを振るとバットのヘッドスピードは１００キロくらいになります。しかし、８回裏、渡辺監督の、このひと言を受けてからの選手たちのバットスイングは１２０キロくらいになったそうです。

最終的に、横浜高校は、この勢いのまま１９９８年の夏の甲子園を制し、松坂大輔投手は晴れてプロ野球入りできました。

最後、楽しもうと選手が１つになったとき、心の状態は一気にプラスに転じて逆転勝ちにつながっていきました。

最後の最後、「奇跡の快進撃」に必要だったのは、根性ではなかった。才能でもなかった。執念でもなかった。

ただ、楽しんでくるという気持ちだったのです。

起きてほしいことがベストではなく、起きたことがベスト

僕（大嶋）は、小学校、中学校と野球を本気でやっていたんですが、吐《は》き気がするほど、まったく野球を楽しめなかったんです。

僕は、小学校のとき、全国大会で3位になるような強い少年野球チームに所属していて、イチローとも対戦しています。

僕は、外野を守っていたのですが、ある試合でトンネルをしてしまったことがあるんです。監督がめちゃめちゃ厳しかったんで、ものすごく怒られました。

それがトラウマになり、同じバッターで2度目のトンネルをし、またホームランにしてしまったんです。

それ以来、監督にビクビクして、毎回試合のたびに吐いていました。外野で、うえーっ

てほんとうに吐いていて、それぐらいメンタルが弱かったんです。

中学校も当然、野球部に入るんですが、その少年野球チームは全国3位になるくらいの強豪でしたから、いきなり期待されちゃったのです。

1年生から特別扱いで、ベンチ入りさせてもらったんですが、もうここからの僕の野球人生は、記憶を封印したいくらいつらかった。悪夢でした。

野球肘《ひじ》で小学校のときから肘を痛めてたんですが、中学校に入ってボールが、セカンドまで届かなくなったんです。身長の成長も止まり、肩も痛め、自分に完全にフタをし、挫《ざ》折《せつ》しました。

僕のなかで、かってに限界を決めちゃったんです。ケガを理由に。

でも、まさか、これらのつらかった体験が、僕の人生にとって、ベストの体験になるとは夢にも思わなかったです。

僕自身、メンタルがとても弱かったので、いま、メンタルが弱い子の気持ちに寄り添ってあげられるんです。過去の僕自身を助けてあげたいって思いなんです。

そして、野球を楽しめることがいかに素晴らしいことなのか、僕自身が野球をまったく楽しめなかったので、腹の底からわかるんです。

そしてなにより、学生たちに、「可能性をあきらめるな！」って応援したい気持ちでいっぱいなのは、自分が昔、あきらめてしまった後悔があるからなんです。

「自分の可能性にフタをするな。おまえの力はそんなもんじゃない」

これは、過去の自分が一番言われたかったことなんです。

それをいま、伝えられるからこそ、これだけこの仕事にやりがいを持てるんです。

いまはわかります。

悪夢のような過去も、僕の人生に欠かせなかった、最高の未来の伏線だったのです。

起きてほしいことがベストではないんです。
起きたことがベストなのです。

自分は、ベストを尽くし、その結果は天の采配《さいはい》にお任せすればいい。
そうすれば、プロセスを思い切り楽しめます。
そのとき、あなたの心は晴れ上がり、予祝は次々に開花していくことでしょう。

苦しいとき、心から喜べないことは、当然あります。それはそれでいいんです。
でも、いつの日か、この苦しみがベストな体験に変わると、人生を信頼することはできます。

それが、人生を面白がるってことなんです。
喜びが人を大きくし、哀しみが人を強くするのです。

ほんとうの奇跡とは、外側で起きるものではなく、内側で起きるもの

ピーター・アーツに30秒で勝利した大山峻護《しゅんご》選手の劇的な予祝例を冒頭で書かせてもらいました。しかし、峻護選手は生涯で、33戦して14勝19敗で、たくさん負けてきているんです。それは、自分より強い相手と戦い続けてきたからです。

勝ち負けよりも大切なものがあるんです。

峻護さんの試合は、負けても「勇気をもらいます」「感動をもらいます」という声がとても多かった。

そんな体験のなかで、「形にするよりも大切なものがある」ということに峻護選手は気づいていくのです。強くなることが一番大事なのではなく、強くなる過程を通じて、たくさんの人に勇気や感動を与えることのほうが大切なんだと。

もちろん、最初は強くなりたかったそうです。もともと体も小さく弱かったから。しかし、戦ううちに、周りの人から「感動した」と言ってもらうようになって、むしろそっちのほうが大切なんだと感じたのだそう。

彼の奥さんがこんな話を教えてくれました。

ある大会の直前に、先輩が、世界大会のスポンサーが降りてしまいとても困ってることを知った峻護さん。すると、峻護さんは、自分の大会があるのに、その先輩を助けたくて動き回ったんだそうです。

僕（大嶋）のところにも「すごい先輩がいるんだけど、世界戦でスポンサーが降りちゃって闘えなくなってしまったんです。大嶋さん、力貸してもらえないでしょうか？」とすぐ連絡してきたんです。

結果、たくさんのスポンサーを見つけてきて、お金が集まって試合ができて、その先輩は最年長の世界チャンピオンになれたんです。普通、自分の大事な大会の前に、先輩のためとはいえ、そこまで走り回れないですよ。

自分がギリギリのときに、自分のこと以上に人のことを応援できるって、試合に勝つより、すごいことだと感じました。

結果がすべてなのではなく、そこを目指すことで、どんな人になれたのか、そこが一番大事なのです。

ほんとうの結果とは勝ち負けではないんです。
あなたの愛が深まることがほんとうの結果です。
ほんとうの奇跡とは、外側で起きるものではなく、
あなたの内側（心のなか）で起きるものなのです。

進化とは、目に見える、すごい結果を出すことではなく、すごい誰かになることでもなく、愛が深まり、君が君らしくなることなんです。

そのことがわかってしまえば、結果への執着を手放し、天の采配に任せることができ、

あなたの心の状態は、もっと軽やかになります。

「心」×「行動」＝「未来」

その軽やかな心こそ、あなたを想像を超えた未来へ運んでくれる心の状態です。

自分の「自」という文字は、「自《みずか》ら」と「自《おの》ずから」と2つの読み方があります。

「みずから」行く世界と、「おのずから」運ばれる世界。

予祝をすることで、思い描く最高の場所へ行けます。

しかし、喜べない自分すら受け入れ、面白がることで、思い描くことすらできなかった想像を超える世界へ、あなたはおのずから運ばれていくのです。

予祝をして、思い描く最高の場所へ行こう。

そして、それすら超えて、想像を超える自分と出会おう。

すべては、いま、この瞬間を面白がることから始まります。

ひすいの友人の娘さん、4歳のハナちゃんは、

「パパ、この宇宙で一番大きなものってなんだと思う？」

とクイズを出してきたそうです（この本のクイズファンの皆様、お待たせしました）。

その質問をされたのが動物園だったので、お父さんは「ゾウさんかな」と言うと、ハナちゃんは「違うよ」って。

「じゃあ、キリンさんかな」と言うと、またハナちゃんは「違うよ」って。

「パパ、宇宙で一番大きなのは未来だよ」って。

未来、それは君の可能性のことです。

君の可能性は、君が描く想像をはるかに超えて大きいのです。

フルスイングのサインを作ろう

2016年から、京都成章高校の野球部に僕（大嶋）はメンタル研修で入らせてもらっています。ここの松井監督が、最初に会ったときにほんとうに怖い鬼監督で（笑）。

しかし、それからおつき合いしていくうち、OBの人たちには気さくに話す姿を目にしたんです。そして一緒に飲みに行ったら、実は、すごい面白くていい人だったんです。

出会ってから1年がたった頃でしょうか。監督とごはんを食べているときに、「どうしたら甲子園に行けるか、大嶋さんがほんとうに感じてることを言ってくれ」と言ってくれました。この日は、僕もストレートに切り込んだんです。

「監督、はっきり言っていいですか？
監督がベンチにいないほうが勝てます」

松井監督は、苦笑いされて「それは、俺が変わらなあかんってことやな?」と聞いてくれました。

「良くも悪くも監督の影響力が大きいです。監督が笑顔になったら、ベンチの空気が変わります。監督の空気が変わったら、選手たちは、すっごい力を発揮すると思います」

このとき、監督はそれを本気でわかってくれたんです。

なんと、2017年の監督のスローガンが「笑顔」でした。もう、ありえないんです。監督がいままで封印してきた「笑顔」をスローガンにして、自ら書き初めで「笑顔」って書いたんです。

そうして、夏の大会が始まりました。

準決勝まで順調に勝ち進んだんですが、監督は「前半は選手たちに固さがあって点が入らない。あと一歩のところで得点が取れない」と悩まれていたので、僕は自信満々に「すごい秘策があります」と、こう伝えました。

「前半はもう捨てましょう」
「前半は勝ち負け気にせず、遊べませんか？」

そしたら監督がさすがにそれは厳しいと。これまでの監督の常識からしたら、勝ち負け気にせず遊ぶなんて言語道断です。

「でも監督、後半強いんだから、後半はおまえらどんな状況でも後半に取り戻せるから大丈夫だって。逆に選手には、うちらは後半が強いっていうことを思い込ませましょう。後半、どんな状況でも取り戻せると言い切りましょう。そのうえで、前半はとにかく気楽に楽しんでいこうみたいな感じで……」と伝えたんです。

その結果、今度は前半にも点が入るようになり、ついに京都成章高校は決勝戦まで勝ち上がったのです。

そして、いよいよ決勝の朝です。

監督が「今日は選手にどういう言葉をかけたらいいか？」と相談してくれたので、僕はこのようなメールを送りました。

「今日の決勝戦のテーマは『最強の挑戦者』『真の力の解放でいこう』みたいな感じはどうでしょう？
以下、言いたいことをいっぱい書かせてもらいましたが、監督が使えるものだけ使ってください。こんな感じです。

俺はいままで、おまえらを押さえつけてきた。指示し、命令してきた。
それはすべて今日の日のためだ。
おまえらの力はまだまだこんなもんやない。
今日、おまえらの真の力を解放するときがきた。
マスコミは90%相手の平安高校が勝つと思っている。
おもろいやないか。野球はなにが起こるかわからない。最強の挑戦者になったれや。
積極的に強気でいったれ。今日は勝ち負けにこだわらず野球を楽しんだほうが勝つ。

真の力の解放や、思いっ切り全力で野球を楽しんでいこう。

そしてこう言ってみるのはどうでしょう？

『今日の決勝戦はノーサインだ。おまえらの好きなように野球をやってみろ』

『今日のテーマはフルスイングや。三振全然オッケーやから、笑顔でフルスイングしてこい』

ピッチャーには『相手をおっぱいと思って投げろ』とか。

以上、監督が使えるものだけ使ってください」


このようにメッセージを送りました。

「ノーサイン」とか「フルスイング」とか、これまで監督が大事に貫いてきたデータ野球とは真逆のスタイルです。

さあ、監督は受け入れてくれたのか？

決勝の対戦相手の龍谷大平安高校は、京都で〝絶対王者〟と言われています。

なんせ春夏甲子園出場、全国最多の73回ですから、全国からすごい選手が集まる強豪です。名前を聞いただけで、もう勝ち目はないと相手に思わせる力があります。しかも、この年、ピッチャーもめちゃめちゃよかったんです。

でも僕は、自信があった。松井監督だったら奇跡が起こせると思っていたんです。いままで厳しさを貫いてきた監督だからこそ、逆に、力を解放をしてあげれば絶対いけると。

松井監督が、なんであんなに鬼監督として恐れられていたかというと、やっぱり、勝たなければいけないというプレッシャーから深刻になっていたんです。怖さの裏側には、強い野球愛があったゆえのプレッシャーです。

その「勝たなければ」のプレッシャーを、今度は「野球を楽しむ」という方向にシフトさせたら、奇跡が起きると思ったんです。

僕が送ったメールを見た監督から、すぐに電話がかかってきました。

なんと、「大嶋さんの言うとおり、野球を楽しんでくる。フルスイングのサインを作ってみる」と監督は言ってくれたんです。

しかも、決勝戦にもかかわらず、3回までは前代未聞のノーサインでやってみると決断してくれたのです。

監督の器の大きさです。

そして、いよいよ決勝戦。

整列の直前、円陣を組んで、いよいよ試合が始まるぞという緊張の場面で、松井監督は選手たちにこう告げました。

「フルスイングのサインを作った。このメガホンを上に上げたらフルスイングや」

監督が普段持っている、でっかいメガホン。そこには、朝礼で宣言している、笑顔ナンバーワンとか元気ナンバーワンとか、選手1人ひとりのナンバーワン宣言が書いてあります。

監督からのまさかのフルスイングのサインに選手たちがめちゃめちゃ笑顔になったそうです。

このときの空気感は、すごい穏やかな、そして和んだ空気で、こんな空気を味わったことがないと監督は言っていました。

さあ、試合が始まりました。

先攻が絶対王者・龍谷大平安高校で、後攻が京都成章高校。

初回にさっそく1点入れられた2回の裏。ノーアウト1、2塁で、京都成章高校に大チャンスがめぐってきたんです。ここは、絶対的にバントのシーンです。

しかし、3回まではノーサインで、選手たちに好きに楽しくやらせると決意して臨んだ決勝戦です。バントはない、と思いきや、監督は、セオリーどおりバントのサインを出したんです。

3回までは、あれだけノーサインだって約束したのに！（笑）

そしたら、そのバッターが、なんと、バントを空振りで失敗したんです。そのときに監督は、「しまった」と我に返った。ここでこそ、フルスイングだったと……。

監督は息を吐き、メガホンを高々と上に掲げました。

「フルスイング」のサインです。

さあ、どうなったのか？

僕（大嶋）は、実はこの試合を見ることができなかったんです。というのも、コンサルタントの福島正伸先生の10人限定のコンサル研修の日とたまたま重なっていたんです。

さすがにテレビ中継を見るわけにはいきませんから、こっそりノートのところに携帯電話を置いて、1回が終わるたびに点数だけ表示されるニュースサイトで点数を確認しながらコンサルを受けていたのです。

しかし、この回は時間がたっても、まったく点数が更新されずにおかしいなと思っていました。何回ボタンを押しても更新されない……。これは電波が届いてないか、もしくは、京都成章高校の選手がヒットを打って、1点か2点入っているのではないか。

でも、それにしても長すぎる……。

球場ではどうなっていたか。

監督が「フルスイング」のサインを出し始めたら、なんと……、カキーン。

カキーン。

カキーン。

カキーン。

カキーン。

カキーン。

カキーン
カキーン
カキーン
カキーン

絶対王者相手に、そこから奇跡の11安打だったんです！

龍谷大平安高校が歴史上のなかで、1回で9点取られたなんてことはなかったと思います。どれだけの奇跡かってことです。

で、研修を受けていた僕のほうに話を戻すと、なかなか更新されないので、これはさぞヒットが続いてるのだろうとハラハラして見守っていたんですが、画面がパッと変わった瞬間に、スコアボードの表示が0だったんです。

「えっ!?　0点なの!?」

京都成章 驚打で栄冠

龍谷大平安 100030011=6
京都成章 09300000×=12

2回7適時打 一挙9点

TEAM	1	2	3	4	5	6	7	8	9	10	TOTAL
龍谷大平安	1	0	0	0	3	0	0	1	1		6
京都成章	0	9	3	0	0	0	0	0	×		12

［京都新聞社］

でもよく見てみたら、9点と。0と9って似てるじゃないですか。9点とわかったときは、研修中に思わず「よっしゃあーーー」と叫んでしまいました。で、福島先生に、「大嶋さん、どうしました？」ってびっくりされてしまいました（笑）。

さらに京都成章高校は、3回も3点取り、結局、12対6で絶対王者・龍谷大平安高校を破って、19年ぶりの甲子園出場を果たしたのです。

ノーサインでフルスイングで、野球を楽しむと決めた3回までで12点！

4回からは……。

楽しむって最強ですね！！！

松井監督は、ここまで厳しく指導されてきました。

でも、自分が変わると決意をされ、試合では、自分の苦手な笑顔を意識するようになりました。監督の変化が、チームの変化となり、決勝戦は「楽しむ」ことで一気に力が解放されたのです。

ここで誤解されるといけないので、お伝えしておくと「楽しむ」と「ふざける」は違います。「楽しむ」とは、ベストを尽くした先にあるものです。

「ほどよい緊張感」と「集中状態」、そこに「楽しさ」が加わると、爆発的な奇跡が起きるのです。まさにそのことを伝えている、ミュージシャンの甲本ヒロトさんの言葉をご紹介しましょう。

「僕はいろいろなところで人に聞かれるんだよ。
『楽しきゃいいのか？』って。
いいんだよ。
そのかわり、楽じゃないんだよって。
漢字で書いたら同じじゃんって。
でもね、楽しいと楽は違うよ。楽しいと楽は対極だよ。
楽しいことがしたいんだったら、楽はしちゃダメだと思うよ」

日本神話も「面白がる」から始まった

日本最古の歴史書『古事記』のなかの岩戸隠れの神話。

それは、スサノオという神様がやんちゃして、太陽の神様、アマテラスオオミカミが岩のほら穴にひきこもってしまい、この世界が闇に覆われてしまった物語です。

このとき、すねてしまったアマテラスは、なにをやっても出て来てくれない。

そこで、困った神様たちがやったことはなにか？


なんと、岩戸の前で楽しく踊り、お祭りをしたのです。


すると、その楽しそうな、笑い声につられて、絶対に出て来なかったアマテラスが岩戸から顔を出したのです。

その瞬間、皆の顔（面）がいっせいに光で白くなりました。それが「面白い」という言葉の語源になり、そのとき、神々は手（た）を伸ばして（のし）、喜びを表現しました。

それが「たのしい」の語源になったのだとか。

光が閉ざされ世界が闇夜になったときに、日本人は、踊り、楽しみ、喜びのなかで、この世界に光を取り戻したのです。

日本の夜明けは、闇に包まれた世界を、面白がり、盛り上がり、喜ぶことから始まったのです。

どんな状況であろうと、僕らのたった1つの義務は、面白がることなんです。
それが、日本神話が教えてくれる真理です。
予祝の本質、それは面白がることなんです。

人生最後の瞬間、あの世からの使いが君にする質問

日本で最初にNPO法人を立ち上げ、文部省社会教育功労賞を受賞された中山靖雄さんの著書『すべては今のためにあったこと』(海竜社)に、こんなエピソードが掲載されています。

あるとき、中山さんが脳梗塞《のうこうそく》で倒れて救急車で運ばれるとき、夢か幻か、中山さんの前に御所車《ごしょぐるま》のような乗り物が降りてきたのだそうです。

あの世への迎えの使者が来たんです。

そのとき、中山さんは、その迎えの者に、

「あなたはこの人生でなにをしてきましたか?」

と聞かれるような気がしたそうです。

しかし、そうは聞かれませんでした。

あの世からの使者にこう聞かれたそうです。

「あなたは喜んで生きてきましたか?」

中山さんはハッとしたそうです。
自分は喜んで生きてきただろうか?
これまで自分のやっていることに重きを置いていたことに気づいたそうです。
中山さんはこう痛感したそうです。

「人生は、なにをしてきたかではなく、『どういう思いで生きてきたか』ということ、そして、喜んで生きているかどうかが大事なのだと心から思いました」

あの世からの使者は「おまえは、この人生で、なにを成し遂げたのか?」とは聞いてこなかったんです。

人生、最後の瞬間に問われるのは、「喜んで生きた？」なんです。

いよいよ、この本も最後になりました。
最後に、あなたに京都成章高校、あの松井監督から、サインが届いてます。
受け取ってください。

人生、フルスイングで行け！

WORK

人生をフルスイングして生き切った未来の自分から、いまの自分へ手紙を書こう【予祝ラストレター】

こんなふうに生きられたら最高だという、人生をフルスイングした人生最後の日の自分から、いまのあなたに感謝の予祝レターを書いてみよう。

ひすいも書いてみました。参考にしてみてください。

88歳になった、君の未来のひすいこたろうです。

2005年『3秒でハッピーになる　名言セラピー』でディスカヴァーメッセージブック大賞特別賞を受賞しデビューして以来、君は、88歳までに100冊を超える本を書く。けっこうこの先もがんばるんだよ（笑）。

ブレイクのきっかけは、言葉のない絵本だった。その絵本は音楽をつけて、ユーチューブでもアップされて、結局、世界200カ国で出版されて、累計1億6000万部に達し、『星の王子さま』を超えるんだ。そのとき、アメリカのニュース雑誌『TIME』は、君のことをこのように紹介した。

「人生を愉しめる、ものの見方を4次元ポケットから縦横無尽に繰り出し、この星を面白くした21世紀の星の王子さま。多くのクリエイターやアーティストのイマジネーションを刺激し、この星をアップグレードした男。まさに彼が行くところ、そこが『革命なう』だ」

『革命なう』って表現には笑ったけどね。

この星の未来を担う、若く才能ある人たちに囲まれて、88歳になったいまも、自分らしく人生を創造していく知恵を喜びのなかで皆と分かち合っている日々だよ。

孫が秘書を務めてくれているから、いつも笑いながら、世界を一緒に旅ができている。孫は、芸人を目指しているから、とにかく毎日笑いっぱなしなんだ。今度、M1グランプリに出るそうだ。そうそう、M1は未来でも人気番組なんだよ。

いまの僕は、「起きることはすべて愛を深めるために起きている。いいことも悲しいこともすべてにかけがえのないギフトがある」とわかっているから、なにが起きてもありがたいという心境だ。

そして、残りの人生が少なくなったいま、はっきりとわかるんだ。

生きていること、それは祝福そのものだったと。

未来の僕から、2018年のひすいこたろうに伝えたいことはなにもない。

なぜなら、君の未来は、どう生きようが、ここにたどり着くからだ。

自由にやれ。

そして間違ったなら、その間違いこそが君が体験したかった正解だから味わい切ればいい。

だから、起きることを信頼してだいじょうぶ。

人生は長い夏休みみたいなもんだよ。楽しんで！

そして、むしろ僕は現在の君に感謝したい。

未来の僕は、君が愛おしくてたまらないんだ。

未来の僕がこの幸せを味わえているのは、君のおかげだからだ。

未来からいつもいつも応援してるよ。

こんな感じで書いてみてください。人生の最高のゴールを想像していく過程のなかで、自分はなにを大切にしたいのか、どう生きたいのかが少しずつ見えてきます。

なんのために生きたいのか？
誰にとって、どんな存在でありたいのか？
あなたにとって真の幸せとはなにか？

じっくり考えるきっかけになると思います。
最高の予祝を自分に贈ってあげてくださいね。
祝福とは、自分が自分であることです。

あとがき

——「国語 算数 理科 予祝！」

大嶋 啓介

江戸時代や明治の頃の日本人は、海外の人たちから、このように評されています。

「日本人ほど愉快になりやすい人種はほとんどあるまい。
良いにせよ悪いにせよ、どんな冗談でも笑いこける。
そして子どものように、笑い始めたとなると、理由もなく笑い続けるのである」
——リンダウ（スイス通商調査団）

「この民族は笑い上戸で心の底まで陽気である」
——ボーヴォワール

「日本人はいろいろな欠点をもっているとはいえ、幸福で気さくな、不満のない国民であるように思われる」
——ラザフォード・オールコック（英国の外交官）

「誰の顔にも陽気な性格の特徴である幸福感、満足感、そして機嫌の良さがありありと現れていて、その場所の雰囲気にぴったりと融け合う。彼らは何か目新しくすてきな眺めに出会うか、森や野原で物珍しい物を見つけてじっと感心して眺めている以外は、絶えず喋《しゃべ》り続け、笑いこけている」

――1886年のタイムズ紙

「日本は貧しい。しかし、高貴だ。世界でどうしても生き残ってほしい民族をあげるとしたら、それは日本人だ」

――ポール・クローデール（フランスの詩人）

この頃の日本は、とても貧しかった時代です。にもかかわらず、日本人はいつも笑いこけていて、日本人ほど愉快になりやすい人種はいないと、海外の人は口々に評してくれているのです。

僕ら、日本人は、もともとは、生きることを、たとえ、それがどんなに貧しい生活だったとしても、喜び、面白がれる達人だったのです。

そのことをもう一度、思い出しませんか？

そんな思いを込めて、この本を、ひすいさんとガッツリ組んで書かせてもらいました。

僕もひすいさんも坂本龍馬が好きです。

「日本を今一度洗濯いたしそうろう」

これは、龍馬の言葉ですが、龍馬が現代に生きていたら、確実にこういうだろうと思うんです。

「この星を今一度洗濯いたしそうろう」

この星をもっと面白い星にするには、日本人が、喜びで生きていたその感性を取り戻すことから始まると思うんです。だからいまこそ予祝の文化をもう一度、思い出してほしい。

「国語　算数　理科　予祝！」

この本をきっかけに、学校でも、それくらいになればいいなって心から願っています。
二度とない人生、生きていることを喜び、もっと面白がっていきましょう。
最後まで読んでくれてありがとうございました。

最後に、あなたにやっていただきたいワークが残っています。
一緒に予祝をやりたいなって思う仲間に、この本をプレゼントすることです（笑）。

毎月、仲間と予祝をする習慣を作る。

これこそ、人生を面白がりながら夢を叶える最高の近道だからです。
毎月1回、予祝会をぜひ仲間でやってほしいです。

予祝会を開く方は、フェイスブックでページを作りましたので、ここを活用していただければ、予祝仲間も作りやすくなります。
ぜひご活用ください。

♥予祝で最高の未来をつくろう！　https://www.facebook.com/yoshuku/

仲間で予祝インタビューをし合うと、ものすごく盛り上がります。
明るい空気がカンタンに作れます。
その明るい空気の渦から奇跡が続出します。
次は、あなたが奇跡を起こす番です。

おまけの話。

ひすいこたろう

実話の物語です。

仕事がイヤでイヤで仕方ないという、鳥取在住で、電気部品の会社に勤めている男性がいました。その男性は、「いつか、本当にやりたい仕事を手に入れたい」、そう願いながらも、なにをしていいかわからず、気づいたら、7年もたってしまっていました。

そんな男性に、ひすいの知人のカウンセラーであるケルマデックさんは、

「4つのルール」という話をされました。

「ルールが4つあります」

「ルールですか？」

「まずはルールその1。いま、一番したいことをしてください」

「その一番したい仕事がなんなのか、わからないんですよ！」

「では、ルールその2。わからないことは、しなくて良いです」

「えっ⁉　じゃあ、どうしたらいいんです？」

「では、次にしたいことをしてください。1番目はいいから、2番目にしたいことをしてください」

「2番目ですか？」

「あなたがいままでしたいと思ってきて、まだやってないこととかです」

「そう言えば、ずっと、アメリカに行きたいと思ってきました」

「それです！　いますぐにパスポートを取ってアメリカに行ってってください！」

「そう言われても、時間もお金もないからできません！」

「では、ルールその3。できないことは、しなくて良いです」

「いいんですか？」

「はい、いいです。では、次にしたいことをしてください。3番目は、なんですか？」

「3番目ですかあ……結婚、したいですね……」

「じゃ、いますぐに結婚式場の見積もりをもらってくるのです！」

「その前に、彼女がいませんっ！」

「ルール3適用の案件とします。次のしたいことをしてください。4番目はなんですか？」

「車が欲しいです。パジェロ（三菱）が欲しいです」

「では、いますぐに、ディーラーに行って見積もりを取ってきてください」

「実は先日、すでにディーラーで見積もりを取ってもらったんですよ」

「どうでした?」

「ちょ〜っと、高いかなと。でも、無理したらなんとかなるかな〜って」

「ではルールその4。無理はしなくて良いです! 無理がないときに、買ってください。では、次のしたいことをしてください。5番目のしたいことはなんですか?」

「東京でライヴに行きたいです。でも、いまは時間もお金もないなぁ」

「ルールその3を適用します。それで良いですよ。次に行きましょう。6番目のしたいことは?」

4つのルールを使い、どんどん掘り下げていったのです。

やがて、15番目のしたいことにたどり着きました。

「15番目のしたいことは?」

「……美味しいコーヒーが飲みたいです」

「いますぐ、できますか?」

「はい、それならできます」

「では、それがあなたの、いま一番したいことです。コーヒーを飲んでください」

彼は、ブルマンという喫茶店に行き、深く味わいながらコーヒーを飲みました。

「俺はいま、一番したいことをしている」

そう、感じながら。

その後も、ちょくちょくブルマン通いをするたびに、1杯のコーヒーを深く味わったそうです。

そんなある日、彼はその店で、東京にいるはずの友人にばったり出会いました。

「ちょいと用事があってね。帰って来たんだけど明日東京行って、2日ほどで、またこっちに帰んなきゃならないんだよ。今回、車で帰ってきたんだけど、良かったら一緒に東京に行かない？」

ちょうど、予定が合ったので、彼は東京に行き、念願のライヴに行けました。そこで、京都から来た女の子と、仲良くなったそうです。

帰ってからも、その京都の女の子とはつながりを持ち、時々、深夜バスに乗って鳥取から京都に会いに行き、深夜バスで帰って来ました。そんな日々を暮らすうちに、「車が欲しい！」と、切実に思った矢先、ＪＡに勤める友人が来て、こう言ったそうです。

「オレ、いま、農協ローン担当してるんだけど、農協ローンで三菱パジェロ、利息メチャ安いで！」

これで、無理なく、あっさりパジェロをゲット！

そして、彼女とデートを重ねるうちに、なんと、結婚することになったのです。

そしたら、ある日、彼女がこう言ったそうです。

「私の叔父さん、横浜で輸入の仕事をやってるんだけど、私、叔父さんの仕事を手伝わないかって言われてるのね」

彼は、彼女と一緒に横浜に行き、叔父さんに会ったそうです。

すると、叔父さんが彼に、こう質問しました。

「キミさ、まさかだけど、ハングルとかしゃべれる？」

「いやあ、ハングルはできません。英語は得意ですけど」

「キミ、英語得意なの？　じゃあ、アメリカ行ってみない？」

結局、彼はアメリカに行って叔父さんの仕事を手伝うことになったわけです。

いま現在、彼は、世界中を飛び回り仕事をしているとか。

結局、この男性は、最初に言った、いつかやりたいと思っていたことをすべてやっています。

さて、最後に問題です。

この男性が一番初めにしたことは、なんだったでしょうか？

彼は、そのときに無理なくできる、いま一番したいこととして、
コーヒーをゆっくり味わったのです。
いま、一番したいことをしているという思いで。

その結果、願っていたことがほかにも次々に叶っていったのです。

彼のやってることは、ただコーヒーを深く味わうということでしたが、それは、「いま、一番したいことをしている」という時空を選んだということになるわけです。

この本の冒頭の風船の話に戻ります。
彼は、喜びを味わいながら、「いま、一番したいことをしている」という雛形《ひながた》を現在の風船に小さく描き込んだのです。
未来はその雛形が大きくなるだけなのです。

そうです。
この本を読み終えたいま、あなたがいますぐやるべきことは、

いま、一番したいことをすることです。

わかる範囲でＯＫ。

できないことはしなくていいし、
無理なくできることのなかで、いま、一番したいことをすればいいんです。

いま、一番したいことをしているという意識で、深く、深く、深く、その喜びを味わえばいいのです。

それが未来の先取り、予祝です。

最後に、ひすいと大嶋から、
あなたへ予祝の拍手をおくります。
あなたも一緒に拍手をしてください。

パチパチパチパチ。

君は、やりたいことを全部やれてるね。
すばらしい。
おめでとう!!

おめでとう！
ベイビー、
君ならできると
思ってたよ
めでたい
祝

予祝の神さま　ヨシュ君

《 プロフィール 》

八百万の神々のなかで、祝いを担当。喜んでいる場に３秒で舞い降りる。
この星の喜びの量を増やすのがミッション。

実　績 ⦿ 武田鉄矢さんをブレイクさせる。
性　格 ⦿ せっかち。先走ること。叶ってもないのに泣いて喜んじゃうところ。
短　所 ⦿ 空気が読めない。困った人にも「いいね。やったねベイビー」とか言っちゃう。
口　癖 ⦿「いいね♪」「よっしゃぁ〜」
趣　味 ⦿ 乾杯 切手集め
住まい ⦿ 〒150-0042 東京都渋谷区宇田川町 37-13 下田ビル B1

次はここでお会いしましょう。

あなたのメールアドレスを登録すると
無料で名言セラピーが配信されます。

▼ ひすいこたろう「3秒でHappy? 名言セラピー」
http://www.mag2.com/m/0000145862.html
「まぐまぐ」「名言セラピー」で検索

本の感想やファンメールも寝ずにお待ちしています(笑)

▼ ひすいこたろう
hisuikotaro@hotmail.co.jp

▼ ひすいこたろうブログ
http://ameblo.jp/hisuikotarou/

大嶋もあなたの夢や目標をバックアップします！

▼ YouTube 大嶋啓介チャンネル
https://goo.gl/zAHtNK

▼ メルマガ　大嶋啓介人間力の磨き方
http://temperament-ex.com/Lo8540/13242

▼ LINE@
https://line.me/R/ti/p/%40jaq8902s

編集協力

ひすいブレーン　ミッチェルあやか

special thanks

大嶋清　吉川竜実　稲川智士　穴田淳子　高橋直寛
吉武大輔　佐川奈津子　梅田和江　hiroki　財運天使カッキー
橋村葵　まなゆいインストラクター・れいこサンダース

友情出演

予祝の神さま　ヨシュ君

出典

- 『超常戦士ケルマデック』ケルマデック（星雲社）
- 『華僑　大資産家の成功法則』小方功（実業之日本社）
- 『考えてみる』大久保寛司（文屋）
- 『3秒でハッピーになる名言セラピー　英語でしあわせ編』ひすいこたろう＋アイコ・マクレーン（ディスカヴァー・トゥエンティワン）
- 『面白いほど幸せになる漢字の本』ひすいこうたろう＋はるねむ（中経出版）
- 「武田鉄矢さんの言葉」（『週刊現代』2011年5月28日号）
- 『致知』2007年12月号（致知出版社）
- 「世界は自分で創る」Happy（https://ameblo.jp/ses-happy/）
- 「癒されながら夢が叶う『優しい生きかた』の心理学」矢野惣一（https://ameblo.jp/mentalconsultant/）
- 「まなゆいオフィシャルウェブサイト」（http://www.manayui.com/）

● 著者プロフィール

ひすいこたろう

作家、幸せの翻訳家、天才コピーライター。

「視点が変われば人生が変わる」をモットーに、ものの見方を追求。日本メンタルヘルス協会の衛藤信之氏から心理学を学び、心理カウンセラー資格を取得。『3秒でハッピーになる名言セラピー』がディスカヴァー MESSAGE BOOK 大賞で特別賞を受賞しベストセラーに。ほかに『あした死ぬかもよ？』『3秒でハッピーになる超名言 100』（以上、ディスカヴァートゥエンティワン）、『見る見る幸せが見えてくる授業』（サンマーク出版）など多くのベストセラーを手がける。共著も『世界一ふざけた夢の叶え方』（フォレスト出版）、『なぜジョブズは、黒いタートルネックしか着なかったのか？』（A-Works）など多数。 4次元ポケットから、未来を面白くする考え方を取り出す、「この星のドラえもんになる！」という旗を掲げ日夜邁進。座右の銘は「人生は 100 年間の夏休み」。インターネットにて、3万人が読む「3秒で Happy? 名言セラピー」を無料配信中。

▶ 3秒で Happy? 名言セラピー（まぐまぐ 名言セラピーで検索）
http://www.mag2.com/m/0000145862.html

▶ ひすいこたろうブログ　http://ameblo.jp/hisuikotarou/

大嶋 啓介（おおしま けいすけ）

夢と希望を与える講演家、株式会社てっぺん代表取締役。

1974 年 1 月 19 日（「いい空気」をつくるために）、大好きな三重県桑名市で生まれる。「可能性に気づけば人生が変わる」をモットーに、人の可能性の伸ばし方を追求するなか、ひすいこたろう氏と出会い、てっぺんで行われる朝礼も「予祝」の力だと知り、一目惚れする。「居酒屋から日本を元気にしたい」という熱苦しい思いで、居酒屋「てっぺん」と NPO 法人居酒屋甲子園を設立。てっぺんの『本気の朝礼』は日本中で話題となり、数々のメディアに取り上げられる。現在、この朝礼は企業だけではなく、修学旅行で朝礼体験に訪れている中学・高校の部活などでも取り入れられている。また、日本オリンピック代表のソフトボールのチームに朝礼研修を行い、北京オリンピックでは金メダルに貢献。2015 〜 2018 年にかけて、高校野球のチーム強化のためのメンタル研修を行い、そのうちの 14 校が甲子園出場を果たしている。 現在では、人間力大學や一般社団法人日本朝礼協会を設立するなど、企業講演だけでなく、学校講演を中心に全国で活動している。座右の銘は「大人が輝けば子どもが輝く。子どもが輝けば日本の未来が輝く」。

▶ 大嶋啓介オフィシャルホームページ
http://oshimakeisuke.com/

▶ メルマガ　大嶋啓介人間力の磨き方
http://temperament-ex.com/Lo8540/13242

▶ LINE@　https://line.me/R/ti/p/%40jaq8902s

▶ 人間力大學ホームページ　http://ningenryokudaigaku.com/

前祝いの法則

2018年6月17日　初版発行
2023年5月16日　17刷発行

著　　者　ひすいこたろう / 大嶋啓介
発 行 者　太田 宏
発 行 所　フォレスト出版株式会社
〒162-0824 東京都新宿区揚場町2-18 白宝ビル7F
電話 03-5229-5750（営業）
03-5229-5757（編集）
URL http://www.forestpub.co.jp

デザイン　穴田淳子（a mole design Room）
イラスト　ソネクミ
D T P　白石知美（株式会社システムタンク）
印刷・製本　日経印刷株式会社

ISBN978-4-89451-982-4 Printed in Japan

読者限定プレゼント

Free Gift!!

特別対談

ひすいこたろう×大嶋 啓介

『前祝いの法則』裏話

（音声ファイル）

最後まで読んでくれたあなたに感謝の思いを込めて、プレゼント！

実は、この本をまとめるにあたり、
泣く泣くカットした予祝事例が山ほどあります。
そんな、まだまだ続く予祝話から製作裏話まで、
ひすいと大嶋で、大いに語りました。
音声のラストは、ひすいと大嶋で、
あなたの未来を前祝いします。次は音声でお逢いしましょう。

ダウンロードは
こちら

http://frstp.jp/yosyuku

※無料プレゼントはWeb上で公開するものであり、小冊子、CD、DVDなどをお送りするものではありません。

※上記無料プレゼントのご提供は予告なく終了となる場合がございます。あらかじめご了承ください。